Heidi Bauerle

ATHEN – Kulinarische Spaziergänge

HEIDI BAUERLE

ATHEN – KULINARISCHE SPAZIERGÄNGE

HÄDECKE

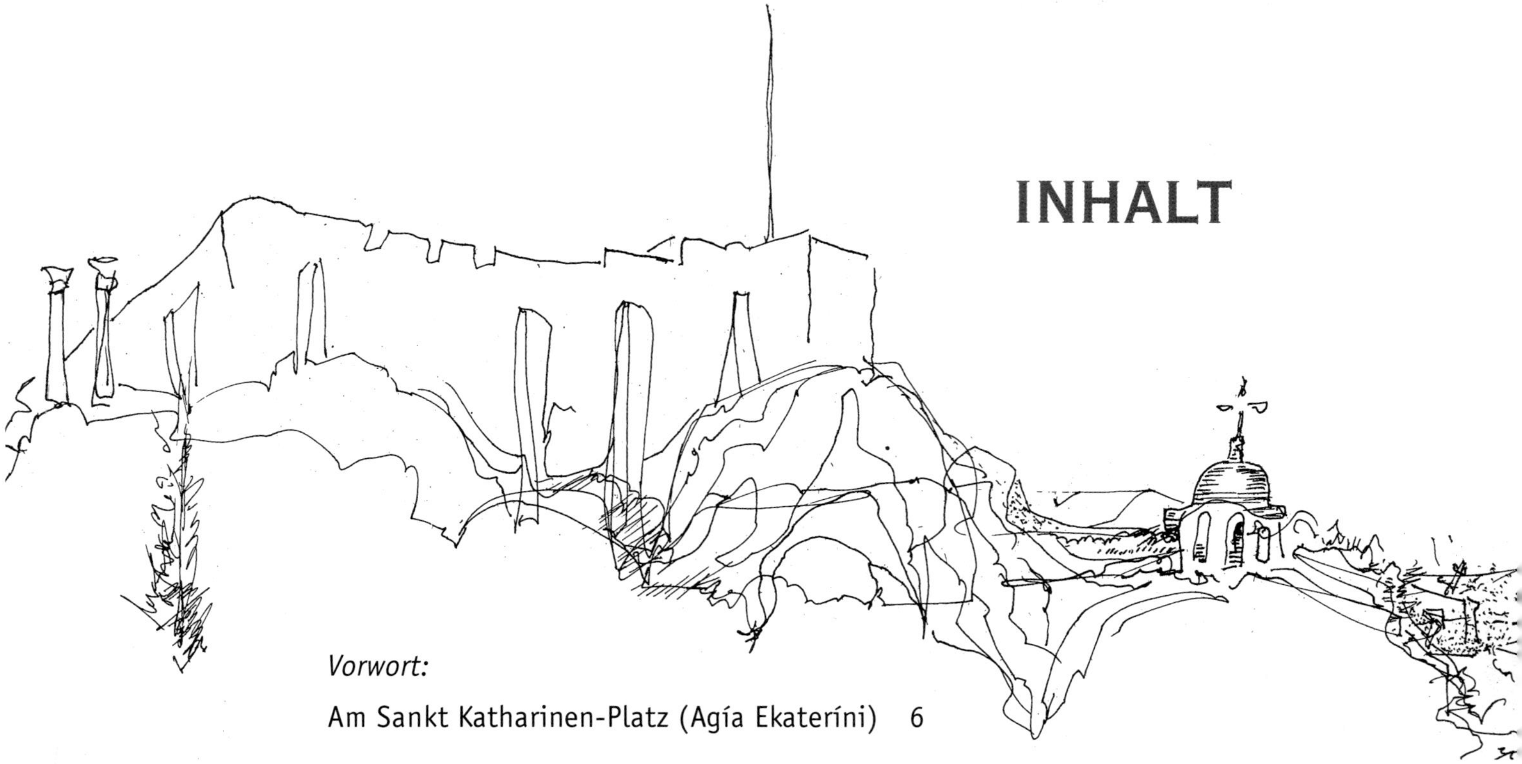

INHALT

Was bringt man seinen Lieben aus dem Urlaub mit, womit bekundet der Weitgereiste seinen Feinsinn, was gab mir vor etlichen Jahren Amalia, die Portiersfrau des kleinen Athener Mietshauses, als Abschiedsgeschenk? Ein Souvenir, so wie dieser Teller! Ich hatte mir drei Jahre unter der Obhut von Amalia erste Sporen und Drachmen als frisch gebackene Architektin, genauer gesagt, als Innenarchitektin, verdient.

Mein Brötchengeber, Herr Alexiou, war nach kurzer Zeit zu der Einsicht gekommen, dass dem städtebaulichen Monstrum Athen, keine architektonischen Glanzlichter der Neuzeit aufzusetzen waren. Das Ungetüm wucherte in rasender Eile ins Hinterland, eroberte die drei, die Stadt umfassenden Gebirgszüge, und war für Städteplaner längst außer Kontrolle geraten. Meine Aufgabe bestand nun darin, dem mehr oder minder einheitlichen Äußeren der Gebäude »innere Schönheit« nach dem Geschmack zahlungskräftiger Kunden zu verleihen. Ein Unterfangen, das

ich zeitweise nur durch das aufmunternde: »FAI!« – »ISS!« von Frau Amalia überstanden habe, die mich mit Kostproben ihrer frisch gebackenen Kuchen, zum Beispiel dem Ravaní (Seite 18), überraschte.

Heute bin ich nach langer Zeit zu neuen Taten in Athen. Das frühere Büro hat mich zur Mitarbeit bei der Sanierung eines alten Stadtviertels eingeladen, und dabei gilt es, Athen neu zu entdecken.

DIE PLÁKASTIEGEN

Eines steht fest, Athen ist schön,
Grad wie ein Bilderbuch zu sehn.
Doch wie die Plaka-Stiegen, so
Gibt's nichts dergleichen anderswo.

Und ich sag es euch mit Noten:
Uns're Götter war'n Plakioten
Und wenn die sanften Regen fließen
Beginnt Basilikum zu sprießen.

Und wer durch Plakagassen streift
Begreift, dass nicht nur Wein dort reift,
Manch schöne Maid ist, wie man sieht,
in Rosenwasser aufgeblüht.

Welch Retsina bernsteinfarben!
Lieber Wirt, lass uns nicht darben!
Schenk uns ein, dass uns der Sinn vergeht,
Der so sehr auf Bernstein steht!

Auf den Balkonen hat ihr Nest
So manche Schwalbe treu und fest
Und von der Festung hohem Wall
Der Parthenon strahlt überall.

Steigt die Dämmerung hernieder,
Kehr'n die alten Götter wieder,
Trunken wandernd durch die Gassen
Tun sie Glück uns hinterlassen.

Herr Stamatis Manolatos vom Hotel Phädra hat Text und Noten dieses alten Pláka-Liedes für uns zu Papier gebracht.

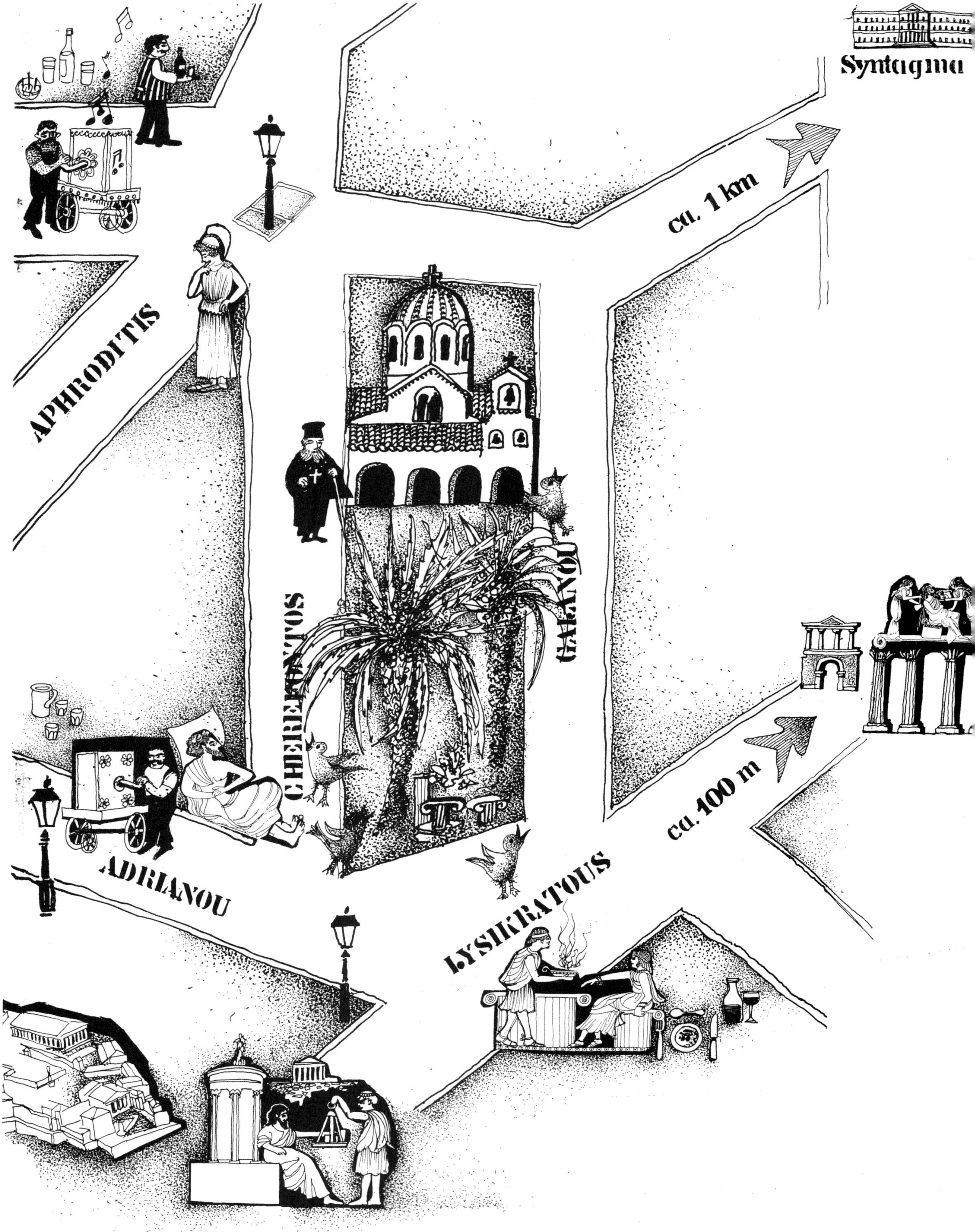

Syntagma
ca. 1 km
APHRODITIS
ADRIANOU
LYSIKRATOUS
ca. 100 m

DER ERSTE SPAZIERGANG

Wenn der Spatzenkrawall in den Palmen um Agía Ekateríni auf seinem Höhepunkt ist, bimmelt pünktlich um halb acht das Glöcklein der Kirche den Platz aus seinem restlichen Schlaf und etwa zur gleichen Stunde wird im Oktober der Akrópolisfelsen von den ersten Sonnenstrahlen getroffen, die den Hymittós, den »Honigberg« überwunden haben. Das war früher auch die Stunde des Pagos-Mannes, des Eisklotz-Verkäufers, der seinen Handkarren über den Platz schob, um die teilweise noch gebräuchlichen Kühlbehältnisse der Athener alle Morgen neu zu versorgen, so, wie auch mein Gehäuse für Lebensmittel, das ich, frisch vom Studium weg, auf dem Monastiráki-Flohmarkt erstanden hatte. Heute habe ich einen »neumodischen« Kühlschrank, der augenblicklich nur einen Fehler aufweist: er ist noch leer. Der schönste Ort, ihn zu füllen, ist auf dem Volksmarkt beiderseits der Athiná-Straße.

Ich nehme den Umweg über den Sýntagma-Platz, wo das Parlament, die feinen Hotels, die großen Banken, die altbekannten Straßencafés und die Zeitungskioske stehen.

Ein Athener Frühstück besteht aus einem Kaffee – und einer druckwarmen Zeitung. Die Zeitung ist schnell erstanden, aber die Cafés sind Imbissketten gewichen. Unter der verbretterten Platzmitte entsteht gerade das neue Metro-Netz, das wie eine Furche zwischen den antiken Fundstätten unter der Stadt vorangetrieben wird, bevor sie im Verkehrschaos erstickt. Ein Grüppchen Touristen hat sich versammelt und beklatscht einen zehn Daumen hohen Bouzoúki-Spieler, der von einem jungen Mann, zu Klängen aus dem Cassettenrecorder an Fäden geführt, die Saiten seines Instrumentes zupft. Ein paar Teller hat der Junge auf der Jacke am Boden ausgebreitet, von denen er steif und fest behauptet, dass es sich um Funde aus den Untiefen der Athener Metro handle: »Hier sehen euere werten Befremdlichkeiten den Götterboten Hermes beim Frühstück!«

Zum Omonia-Platz hin gibt es ein Gedrängel in der Bücherhalle mit ihren Schmökerstuben. Heißhungrige Damen und Herren werfen sich hinter dem Konzertflügel über ein Büfett.
Mittendrin entdecke ich meine alte Freundin Anna, die an der Uni nebenan doziert und sich nudelfröhlich als die Autorin des gerade vorgestellten Werkes über die Tischsitten der alten Griechen präsentiert. Wir halten es wie die neueren Griechen und fingern uns noch schnell die letzten Happen vom Spinatstrudel aus der Pfanne.

SPINATSTRUDEL
SPANAKÓPITTA

Wir brauchen:
1 Packung TK-Blätterteig
80 g Butter, 1/8 l Milch

Für die Füllung:
1 kg Blattspinat
1 Bund Frühlingszwiebeln
4 EL Öl
2 Bund Dill, fein geschnitten
200 g Feta-Käse, zerkrümelt
2 Eier, Salz

Und so wird's gemacht:
Zuerst breiten wir die Teigblätter aus, befeuchten sie etwas und wellen sie – leicht angetaut – dünn aus. Die Butter erwärmen wir mit der Milch und bepinseln damit alle Blätterteigstücke.
Wir waschen und entstielen den Blattspinat; die Frühlingszwiebeln schneiden wir fein und schwitzen sie im erhitzten Öl an. Wir geben den tropfnassen Spinat dazu, decken den Topf zu und lassen das Gemüse zusammenfallen.
Wir lassen ein wenig abkühlen, hacken den Spinat klein und vermischen mit dem Dill, dem Käse und den mit Salz verquirlten Eiern.
Wir heizen den Backofen auf 200° C vor. Wir legen eine eckige Backform mit der Hälfte der Teigblätter aus, geben Spinat darauf und bedecken kreuz und quer mit den restlichen Teigblättern.
Wir schlagen die Ränder ein, bepinseln mit der restlichen Butter-Milch-Mischung und ritzen auf der Oberfläche quadratische Portionsstücke ein. Wir backen den Strudel in ca. 45 Minuten goldgelb aus.
Wir teilen den Strudel noch heiß in Portionsstücke und essen ihn nach Lust und Laune heiß oder kalt!

Gleich hinterm Omonia-Platz, auf der Platía Káningos wird wieder einmal demonstriert und in der Einkaufspassage nebenan betrachten sich Rentner beim Ouzo zufrieden das Spektakel und schnabulieren Häppchen dazu, die bei näherem Hinsehen keinen Anlass zum Protest geben. Der Wirt, ein Kreter, freut sich in bestem Rüsselsheimer Deutsch über die Bestellung und liefert unaufgefordert gleich noch eine zweite Portion nach.

GEFÜLLTE CHAMPIGNONS

MANITÁRIA YEMISTÁ

Eine Spezialität beim Kreter »Takis«

Wir brauchen:
6 große Champignons

Für die Füllung:
3 EL Öl, 1 große Fleischtomate
3 Knoblauchzehen, Champignonstiele
150 g Feta
Petersilie, Oregano, Pfeffer

Für die Sauce:
3 EL Öl, 1 mittelgroße Zwiebel
2 Tomaten oder 2 EL Tomatenmark
0,1 l Rotwein, Salz und Pfeffer

Wir drehen die Stiele aus den Champignons, kochen die Köpfe in leicht gesalzenem Wasser ca. 5 Minuten, lassen sie dann mit der Lamellenseite nach unten abtropfen. Die Stiele hacken wir klein, ebenso die Tomaten und die Knoblauchzehen. Diese Gemüsemischung schwitzen wir in Öl an, lassen unter Rühren die Flüssigkeit verdampfen und bröckeln den Feta hinein, würzen mit gehackter Petersilie, Oregano und frisch gemahlenem Pfeffer und lassen noch kurz einköcheln.
Zur Sauce erhitzen wir in einem Topf das Öl, geben Zwiebeln und Tomaten – beides fein gehackt – dazu, lassen kurz eindampfen, gießen den Wein an, kochen die Sauce auf und gießen sie dann in eine feuerfeste Form.
Wir füllen die Champignonköpfe mit der Käse-Füllung, setzen sie in die Sauce und backen sie im vorgeheizten Backofen bei 160° C etwa 10 Minuten. Wir servieren die Pilze heiß zu Ouzo oder einem Glas Wein.

Wo immer Wein und Ouzo fließen, darf diese schlichte Deftigkeit nicht fehlen:

WURSTSCHMAUS AUS PÍLION

»SPETSOFÁI«

6 – 8 Portionen

1/2 Kilo grobe Bauernbratwürste
1/2 Kilo Paprika
1 große Zwiebel
2 Knoblauchzehen
1 Kilo Tomaten
10 Petersilienstengel
1/2 Tasse Öl, 2 Lorbeerblätter
1 TL Zucker, Salz, Pfeffer

Die Paprikaschoten waschen und putzen wir und schneiden sie dann in lange, schmale Streifen. In einem Topf erhitzen wir das Öl und dünsten darin die Paprikastreifen zusammen mit der Zwiebel, dem Knoblauch und der Petersilie, alles kleingehackt, an. Es sollte häufig umgerührt werden, bis alles weich ist. Dann geben wir die gewürfelten Tomaten in das Gericht und lassen das Gemüse so lange einkochen, bis der Saft stark reduziert ist. Dann fügen wir den Lorbeer und Zucker hinzu, rühren um und lassen bei geringer Hitze simmern.
Die Würste werden in dicke Scheiben geschnitten und in einer Pfanne im eigenen Fett gut durchgebraten, anschließend geben wir sie in den Topf mit der Paprika-Tomatensauce und schmoren sie darin noch 10 Minuten lang.

Spetsofái wird oft mit Wein abgelöscht und mit kleinen Gemüsen der Saison angereichert. Die Würste müssen eine sehr grobe Konsistenz haben.

Am Omonia-Platz, wo das chaotische Treiben Athens im Kreis und in alle Richtungen auseinanderbrodelt, gab es damals im fünften oder sechsten Stock eines Eckhauses das große Planungsbüro, in dem ich zu meiner ersten Arbeit antrat. Irrtümlich hatte mir mein Chef in spe statt eines Arbeitsplatzes vielmehr einen Platz an seiner Seite zugedacht. Als diese Verwechslung ausgeräumt war und ich in einem anderen Büro Athens Innenleben zu verschönern suchte, erinnerte sich Herr Argyris, mein Beinahe-Chef, unverzüglich wieder seiner wahren Leidenschaft, der Feinschmeckerei, die er mir später auf seinen kulinarischen Streifzügen durch Athen gerne mitteilen wollte. Der wohlgereifte Junggeselle, allerorten gern gesehener Gast, studierte Speisekarten, als wär's die Bibel, erklärte die Weine und sang leise, den Bauch wiegend, mit, wo sich ein Lied von »Athína« auf »Retsína« reimte, sagte »FAI!« und schwärmte

von der unvergleichlich köstlichen nachmitternächtlichen Kuttelsuppe, dem »Patsá«, den er mit Freunden und anderen Nachtschwärmern im Speisesaal vom »Alexander dem Großen« einzunehmen pflegte. Nie und nimmer wäre es ihm in den Sinn gekommen, den Patsá an seinem Ursprungsort, den Markthallen zu essen. Zehn halsbrecherische Stufen ins »Díporto« hinter dem Gemüsemarkt hinabzusteigen, um dort zwischen Losverkäufern, Rechtsverdrehern, Kesselflickern, Galleristen, Gemüsefrauen und Chirurgen zu tafeln, konnte er nur mit Abscheu zur Kenntnis nehmen.

KUTTELSUPPE
PATSÁS

Wir brauchen:
Pansen (Vormagen) und Füße vom Lamm oder Kalb (bekommen Sie die Kutteln vorgekocht vom Metzger, so erspart das viel Arbeit und Zeit)
Saft von 2 Zitronen
2 – 3 Eier, Pfeffer, frisch gemahlen

Wir waschen die Kutteln und Füße in reichlich kaltem Wasser, brühen dann mit kochendem Wasser ab und spülen erneut mit kaltem Wasser. Wir schneiden die Kutteln in kleine Stücke und geben sie zusammen mit den Kalbs- oder Lammfüßen in einen Topf mit Wasser. Nach dem Aufkochen schäumen wir ab und lassen bei geringer Hitze langsam garen. Kurz vor Ende der Garzeit salzen wir die Brühe, gießen dieselbe durch ein Sieb in einen zweiten Topf.

Die Füße entbeinen wir und zerschneiden das Fleisch in Stücke. Dieses geben wir in die Brühe zurück und binden mit »Avgolémono«: dazu verquirlen wir den Zitronensaft mit den Eiern und gießen diese Mischung in die Brühe, die nicht mehr kochen darf. Wir rühren leicht um und lassen die Sauce weiß und dickcremig ziehen.
Manche mögen die Kuttelsuppe gerne herzhafter gebunden mit einer Mehlschwitze, die mit Weinessig und durchgepresstem Knoblauch gewürzt ist.

»KALÍ ÓREXI – Guten Appetit!« wünscht der Kellner bei Papandréou in den alten Markthallen schon morgens den emsig Löffelnden.

ORANGENKUCHEN VON AMALIA
RAVANÍ

Wir brauchen:
100 g weiche Butter, 220 g Zucker
180 g Mehl, 2 TL Backpulver
1 Prise Salz
je 1/2 TL Zimt- und Nelkenpulver
50 g feinen Grieß
abgeriebene Schale und
Saft von 2 Orangen, 2 Eier, 1 EL Sesam

Zum Glasieren:
100 g Zucker, fein abgeriebene Schale
und Saft von 1 Orange
1 EL hellen Honig

Zum Garnieren:
1 EL Sesam, kandierte Orangenschale, in feine Streifen geschnitten

Wir fetten eine Kastenform (18 x 25 cm) ein und legen sie mit Pergamentpapier aus. Die Butter rühren wir mit Zucker schaumig, geben das mit Backpulver vermischte Mehl und alle Gewürze zu, rühren den Grieß, Orangenschale und -saft, Eier und Sesam ein, geben die Masse in die vorbereitete Form und backen den Kuchen im vorgeheizten Backofen bei 180° C ca. 1 1/2 Stunden. Zur Glasur verrühren wir Zucker mit geriebener Orangenschale und -saft in einem Topf, erwärmen, geben den Honig zu und lassen den Sirup ca. 3 Minuten kochen. Den fertigen Kuchen stechen wir gleichmäßig ein, verstreichen die Glasur auf der Oberfläche und bestreuen mit Sesam und kandierter Orangenschale. Wir servieren den Kuchen in rautenförmige Stücke geschnitten.

EINGELEGTER KNOBLAUCH
SKÓRDO TOURSÍ

Wir schälen eine beliebige Menge Knoblauchzehen und bereiten eine Marinade aus je 1/3 Rotweinessig, Wasser und Rotwein (z. B. Deméstika) zu. In die Marinade geben wir , je nach Geschmack, 1 – 4 scharfe, fingergroße Pfefferschoten (wer es nicht so scharf mag, kann nur 1 Pfefferschote und noch mildere Paprikaschoten nehmen), die wir fein hacken. Wir würzen mit 2 EL Zucker, 6 Gewürznelken, 1 Lorbeerblatt, 3 Sträußchen Thymian und 1 Prise Salz. In dieser Marinade ziehen die nackten Knoblauchzehen 24 Stunden lang durch. Dann kochen wir 5 – 10 Minuten auf, lassen die Zehen in der Marinade erkalten und füllen sie in Schraubgläser. Um Schimmel vorzubeugen, gießen wir eine Schicht Olivenöl über die eingelegten Knoblauchzehen.
Eine beliebte Beilage, die man in größeren Mengen zubereiten sollte!

Vom Markt trete ich reichlich bepackt den Heimweg an, ohne einen Blick ins benachbarte Psyrrí-Viertel zu werfen, wo ich in nächster Zeit fast täglich zu tun haben werde.
Am Monastiráki-Platz, vor der ehemaligen Moschee neben der Metro-Station, wieder das Bild von unterirdischem Gebuddel und schon wieder diese kleine musizierende Marionette mit ihrem fadenführenden Meister: »Werte Befremdlichkeiten, hier sehen Sie den Gott Hephästos, den Erfinder des Gyros-Grills, der ihn seiner Gemahlin Aphrodite vorführt!«

DER ZWEITE SPAZIERGANG

Den Weg zur Baustelle im Psyrrí-Viertel nehme ich am liebsten durch die Pláka, die Altstadt, die sich in den Wintermonaten vom Touristenstrom erholt und wieder fest in der Hand der Athener ist. Der Autoverkehr bleibt größtenteils draußen auf den Boulevards und so gibt es auch gottlob keine Verkehrsampeln, denen man in Athen nur mit Gottvertrauen begegnen kann. Aber Athens Götter stehen mit den Ampeln auf Kriegsfuß. Wenn ich ein halbes Dutzend von ihnen heil überquert habe, belohne ich mich unverzüglich mit einem Kafedáki oder Ouzáki – je nach Tageszeit.

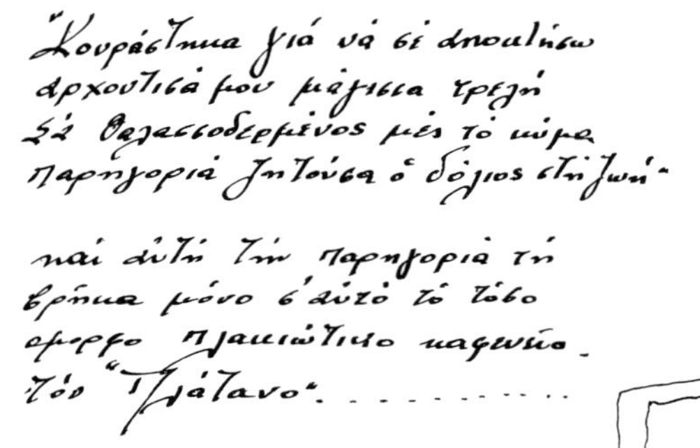

Beim Weg durch die Pláka wäre dies nicht nötig. Trotzdem mache ich gerne einen Abstecher zu Herrn Nikos im »Plátanos«, dem altehrwürdigen, fast unscheinbaren Kafenion in einer Tavernen-Oase nahe dem Turm der Winde. Dort tickt der alte Regulator an der Wand seit neunzehnhundertzehn. Die ganz berühmten Dichter und Maler der Stadt haben hier, kritzelnd und tüftelnd, beim Kaffee oder Ouzo gesessen.

Heute dichtet Herr Nikos manchmal selbst für seine Gäste:

> Ich bin es leid, dich weiter zu umwerben,
> Gebieterin, vertracktes Zauberweib!
> In Seenot gleichsam, herzensbang zu sterben,
> Hab ich nach Trost gesucht im Zeitvertreib.

Und diesen Trost, den wahren, fand ich dort
In einem kleinen Plákawinkel bloß,
An einem schönen, herzenswarmen Ort,
Dem Kafenion »Plátanos«:

Nikolaos Rerré, (frei nach Tzitzánis)

Am Monastiráki-Platz steht »meine« Kouloúri-Frau. Ihre sesambestreuten, knusprigen Vormittags-Kringel sind sicher auch nicht besser, als bei den vielen anderen Straßenverkäufern, aber nur sie begleitet das Eintüten mit einem Kurzbericht über die neuesten Ereignisse im angrenzenden Trödlerviertel, und an Sonntagen, wenn sich noch der Flohmarkt durch die Gassen der Gegend zieht, finden ihre Warnungen vor Langfingerlichkeiten kaum ein Ende.

Diese Monastiráki-Wochenenden sind in den Mittagsstunden, für unzählige Athener bis in die Dämmerung hinein, der wöchentliche Höhepunkt des Schlemmens in den Lokalen ober- und unterhalb des buckligen Straßenpflasters. Man muss nach zwei Uhr schon Glück haben beim Aufspüren eines freien Tisches.

Genauso verhält es sich jetzt auch gegenüber im Psyrrí, das sich im Verlauf seiner Sanierung mehr und mehr zu einem neuen Treffpunkt der Athener entwickelt hat. Der alte, lange vernachlässigte Stadtteil war mir bekannt als ein Gewurstel von Gassen, in dem sich seit Jahrzehnten viele Familien und Handwerksbetriebe von der Insel Naxos angesiedelt hatten. Sie sind auch jetzt noch überall anzutreffen, in ihrem Kafenion bei der kleinen Kirche »Génisis Christoú«, wo frischer Oktapus neben dem Eingang hängt, um über Holzkohlen geröstet zu werden, wo Frau Sophia am Wochenende ihre frittierten Muscheln mit Walnuss-Aioli zubereitet und wo man mit ein bisschen Glück vielleicht gerade ein paar Dudelsack-Spieler von der Insel antrifft.

Halb Naxos hält während der griechischen Karwoche im Psyrrí-Viertel Einzug, um die Inselerzeugnisse auf einem weitverzweigten Straßenmarkt zum Osterfest feilzubieten: Zicklein- und Lammfleisch, spezielle Käsesorten, Gemüse, Gebäck . . .

FRITTIERTE MUSCHELN MIT WALNUSS-AIOLI

MÝDIA TIGANITÁ ME SKORDALIÁ KARÝDIA

Wir sollten unbedingt frische Miesmuscheln verwenden, die wir nach dem Kochen in sehr wenig Wasser aus der Schale gelöst haben.

Wir benötigen
500 g vorbereitete Miesmuscheln

Für den Backteig:
1 Glas Mehl von der leicht aufgehenden Sorte
2 Eier, 1 Prise Salz, Wasser

Für die Aioli:
250 g Walnusskerne
0,1 l Olivenöl
3 – 4 durchgepresste Knoblauchzehen
1 dicke Scheibe eingeweichtes und gut ausgedrücktes Weißbrot
2 EL Essig, Salz
Ferner benötigen wir Öl zum Ausbacken.

Wir bereiten den Backteig aus dem Mehl, den Eiern, Salz und soviel Wasser, dass er eine zähflüssige Konsistenz erhält.
Wir lassen ihn im Kühlschrank 1/2 Stunde ruhen und quellen. Wenn wir ihn dann zum Frittieren verwenden, bestreuen wir ihn mit Mehl, tauchen die Muscheln mit einer Pinzette hinein und braten sie in dem heißen Öl.

Inzwischen haben wir die Walnuss-Aioli wie folgt zubereitet:
Die Walnusskerne haben wir im Mixer fein zermahlen und unter Rühren die Brotkrumen, den durchgepressten Knoblauch und das Öl dazugegeben. Schließlich würzen wir nach Geschmack mit wenig Essig und Salz.

Die winzigen Muschelkrapfen in Verbindung mit dieser Sauce lohnen allemal einen Versuch, meint Frau Sophia vom Kafenion »Naxos«.

Diesen Tipp habe ich von Frau Rebekka bekommen, der Wirtin einer kleinen Eckkneipe im Psyrrí, die so unscheinbar ist, dass ich sie vielleicht nie betreten hätte, wäre durch die beschlagenen Scheiben nicht zufällig der Blick nach drinnen gefallen: ein paar Rentner beim Ouzo, ein paar junge Leute, von denen einer Gitarre zupft und mittendrin eine Bouzoúki klimpernde Marionette, die, von einem jungen Mann an Fäden geführt, sich zwischen den wenigen Tischen verbeugt.
Es war ein kalter Abend und der kleine Ofen blubberte und Frau Rebekka, rundlich, im Trainingsanzug, huschte mit Häppchen beladenen

Tellern hin und her. Der Marionettenspieler erzählte von seinem Bruder, der die »alten Funde« malt, fixierte meine Kouloúri-Tüte und zauberte einen Teller aus seiner Jacke: »Habt ihr gewusst, dass es in der Antike die Kouloúren-Kämpfe gab? Verlierer war derjenige, dessen Kringel zuerst zerbrach. Daraus sind später die Olympischen Ringe entstanden.« Einer der Rentner spendierte eine Runde, ein anderer noch eine und ein junger Maler, der heute ein Bild verkauft hatte, bezahlte seine anstehende Rechnung bei Frau Rebekka. Einer der Musikanten erzählte von Probeaufnahmen in einem Vorstadt-Studio.

Frau Rebekka schob den Heizofen näher zu mir heran und handelte für mich einen Extra-Sonder-Freundschaftspreis für den Teller mit den Kouloúren-Kämpfern aus. Hier ist er!

ZUCCHINI-CHIPS
TSIPS KOLOKYTHÁKIA

Dafür nimmt Frau Rebekka:
große Zucchini, (schöne Scheiben)

Für die Füllung:
1/3 Taramás (Fischrogen) und
2/3 Schmelzkäse
Mehl zum Wenden der Chips
Pflanzenöl zum Ausbacken

Wir hobeln die Zucchini schräg in dünne Scheiben. Aus dem Fischrogen und dem zimmerwarmen Schmelzkäse rühren wir eine weiche Creme. Diese streichen wir auf die Hälfte der Zucchinischeiben, die andere Hälfte kleben wir dagegen. Wenn alle Scheiben auf diese Weise vorbereitet sind, erhitzen wir das Öl in einer tiefen Pfanne. Wir wenden die Zucchinischeiben in Mehl und braten sie nacheinander schwimmend im Öl aus. Wir achten darauf, dass nicht zu viele Scheiben auf einmal in die Pfanne kommen, damit das Öl seine Temperatur behält. Sind alle Scheiben knusprig ausgebacken, legen wir sie auf Küchenkrepp zum Abtropfen und servieren sie heiß mit Zitronenspalten als Vorspeise oder zum Ouzo.

KLEINE GEFÜLLTE UND FRITTIERTE PAPRIKASCHOTEN

PIPERIÉS YEMISTÉS TIGANITÉS

Dafür nimmt Frau Rebekka:

30 gelbe spitze Paprikaschoten
150 g geriebenes Brot vom Vortag
200 g Feta-Käse
2 TL Thymian, getrocknet (oder Oregano)
3 Knoblauchzehen, durchgedrückt
2 Eier
130 g Zwiebel, gerieben
gemahlenen Pfeffer, evtl. wenig Salz
Öl zum Braten

Und so werden sie zubereitet:

»Wir putzen die Paprikaschoten, indem wir sie rund um den Stiel abschneiden und die Kerne mit einem Löffelstiel herauskratzen – dann waschen wir sie.

Die Füllung bereiten wir zu, indem wir alle weiteren Zutaten, mit Ausnahme des Öls, gut zu einer festen Masse verarbeiten. Diese füllen wir in die Paprikaschoten und drücken sie mit dem Löffelstiel fest. Die Schoten dürfen nur bis zu 2/3 gefüllt werden, da sich die Füllung beim Braten ausdehnt.

Wir erhitzen das Öl in einer Pfanne und braten darin die Paprikaschoten bei mittlerer Hitze von allen Seiten etwa 15 Minuten lang goldbraun.

Die Schoten können heiß oder kalt, als Vorspeise oder zum Ouzo serviert werden.

SEPIA IN ROTER TUNKE

SOUPIÉS ME KÓKKINI SÀLTSA

Dieses Rezept hat Frau Rebekka von einer Naxiotin bekommen. Sie serviert es mit großem Erfolg in ihrem Lokal den Gästen.

Wir brauchen:

1 kg Sepia, 3 große Zwiebeln
1 EL Speisestärke
1 Gläschen Brandy
2–3 Tomaten, gehäutet und gewürfelt
etwas Knoblauchpulver,
eine Handvoll Pinienkerne
1 EL getrocknete Petersilie
Salz, Pfeffer,
1 Pfefferschote 0,1 l Öl

Wir putzen die Sepia und häuten sie, dann schneiden wir sie in Stücke.

In einer Kasserolle schwitzen wir in wenig Öl die feingeschnittenen Zwiebeln an und lassen sie unter Rühren Farbe nehmen. Dann fügen wir die Speisestärke zu und wenn unter Weiterrühren bei starker Hitze alle Flüssigkeit verdampft ist, gießen wir das restliche Öl an, danach den Brandy und geben die klein geschnittenen Tomaten sowie alle weiteren Zutaten an das Gericht.
Wir vermindern die Hitze und lassen die Sepia langsam unter gelegentlichem Rühren weichschmoren. Wir servieren davon kleine Portionen zum Ouzo, größere zum Wein – und natürlich ein frisches Weißbrot für die Tunke dazu.

Gutes Gelingen wünscht
Frau Rebekka

DER DRITTE SPAZIERGANG

Freitags ist Straßenmarkt in Petrálona – dieser Stadtteil liegt an der Westflanke des Musenhügels und der Pnyx. Er ist in ungefähr vierzig Spazierminuten zwischen der Akrópolis zur Rechten und dem Musenhügel zur Linken angenehm zu erreichen. Die Verkehrsader nach Piräus teilt ihn auf in Ober – (Áno) und Unter – (Káto) Petrálona. Der Markt findet im oberen Teil statt, dem Viertel der kleinen Unternehmer, Angestellten und Arbeiter. Hier haben bei Wahlen traditionsgemäß die linken Parteien ihre Nasen vorn. Die Lokale sind Familienbetriebe, wo nach guter alter Sitte und zu volkstümlichen Preisen liebevoll Zubereitetes auf die Tische kommt und wo in den Tavernen und Kafenions der Wein direkt vom Fass gezapft wird. – Spätestens dann, wenn einem die ersten Hausfrauen mit käfigähnlichen Gebilden auf Rollen, vollgestopft mit Obst und Gemüse begegnen, weiß man sich auf dem richtigen Weg zum Markt, der sich entlang eines schmalen Straßenzuges von vielleicht eineinhalb Kilometern Länge dahinzieht. Er ist bunt, ist laut, ist ein wahres Vergnügen für Augen, Ohren und Gaumen, wenn man sich inmitten des Getümmels ins Kafenion der Tróon-Straße setzt. Hier ist Athens Mittelschicht unter sich, von Fremdlingen keine Spur. Die Zigeuner, auf allen Märkten dabei, zählen nicht als Fremde. Sollte sich ein Tourist hierher verirren, wären ihm ein paar Brocken griechisch, vor allem aber eine reiche Gebärdensprache nützlich. Jedoch das Wort »Ouzo« versteht der Wirt vom Kafenion allemal und ein Tellerchen gebratene Meeresfrüchte dazu versteht sich für ihn von selbst. So nimmt man mittags zwischen zwölf und zwei Uhr am Finale der Aufführung teil, die »Markt« heißt, und in der die Händler, die Protagonisten, sich stimmlich zu über- und preislich zu unterbieten versuchen: »Dieses Blumenköhlchen,

ihr Haustöchter, ist es nicht zum Streicheln? Wo bekommt ihr was um zweihundert Drachmen zum Streicheln?« – »Bei mir!« schreit der von gegenüber, »hundertfünfzig fürs Blumenköhlchen!«
»Ich verschenke!« brüllt der Fischhändler aus Euböa, »nehmt euch, was ihr wollt! Ich verschenke Sardinen um fünfhundert das Kilo!«

SALAT VON ZIEGENKÄSE MIT GEBRATENEN SARDINEN

SALÁTA ME CHLORÓ KÄ SARDÉLES

Wir schneiden 100 g Ziegenfrischkäse in Würfelchen und legen diese etwa 30 Minuten in eine Marinade aus fein geschnittenem Basilikum, Salz, frisch gemahlenem Pfeffer und 2 Esslöffel Keimöl ein.

Von 8 frischen Sardinen entfernen wir den Kopf und die Mittelgräte und braten die leicht bemehlten Fische in heißem Öl knusprig.

Aus dem Saft einer halben Zitrone, Salz, Pfeffer, 1 durchgepressten Knoblauchzehe und 4 Esslöffel Keimöl rühren wir eine Sauce. Zur Sauce geben wir 200 g gekochte kleine Nudeln, den Ziegenkäse samt Marinade, heben 50 g klein geschnittene schwarze Oliven unter und richten auf dem Salat die gebratenen Sardinen an.

Garniert wird der Salat mit halbierten Kirschtomaten und Basilikumblättchen.

RINDFLEISCH-GERICHT

»SOFRÍTO«

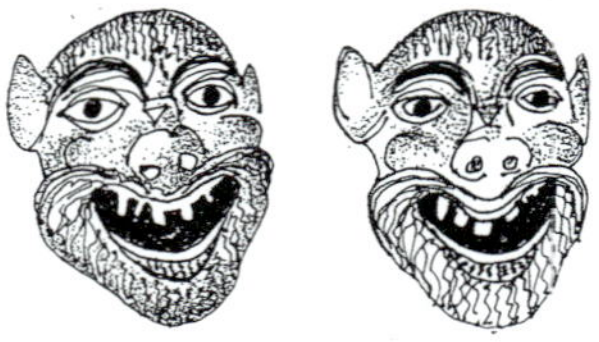

Wir brauchen:

1 kg Rindfleisch, in dünne Scheiben geschnitten
Mehl zum Wenden des Fleisches
2 geriebene Zwiebeln
1 Glas hervorragenden Weißwein
3 Knoblauchzehen
1 Glas voll fein geschnittene Petersilie
2 Lorbeerblätter
Salz
2 TL schwarzen Pfeffer
Öl zum Braten

Wir salzen das dünn geschnittene Rindfleisch, wenden es in Mehl und braten es bei starker Hitze goldbraun.

In eine tiefe Pfanne geben wir einen Teil des Bratfettes vom Fleisch und rösten darin unter Rühren die Zwiebeln. Wenn sie Farbe nehmen, löschen wir mit dem Wein ab, geben die Knoblauchzehen hinein und lassen bei milder Hitze köcheln.

Sobald der Bratfond dunkel wird, fügen wir die Gewürze und die Petersilie zu und schmecken mit Salz ab.

Wir geben die Fleisch-Scheiben in die Sauce, gießen ein wenig Wasser zu und lassen alles gut durchköcheln.

Das »Sofrito« servieren wir, wie in Korfu üblich, mit Kartoffelpüree.

»Wein und Knoblauch in vollendeter Verbindung« sagt Frau Déspina aus Korfu (Kérkyra).

Trete ich, mit allzu vielen Einkäufen beladen, den Rückweg an, ist es beruhigend, die nächste Metro-Station gleich zwei Querstraßen bergabwärts zu wissen. Auf dem Weg dorthin hat ein Küfermeister von der Insel Santorin tief unter der Straße seinen Wein-Probierkeller, und in einer schmucken Taverne nebenan bekocht seine Frau Anna zur Abendzeit die Athener Feinschmecker, für die Áno Petrálona solcher Schlemmerwinkel wegen in jüngster Zeit zum Geheimtip geworden ist. Frau Anna hat mir einige ihrer Erfolgsrezepte verraten.

AUBERGINENRÖLLCHEN MIT KÄSE UND TOMATENSAUCE

ROLÓ MELITZÁNA

Wir brauchen dafür:

3 längliche Auberginen
Öl zum Frittieren
3 Tassen geriebenen Graviéra-Käse (ersatzweise Gruyère)
2 geriebene Zwiebeln
0,1 l Olivenöl
2 Gläser eingedickten Tomatensaft
1 Prise Zimt
1 Prise Salz und Pfeffer
1 EL Essig
1 EL Zucker

Wir waschen die Auberginen, entfernen den Stielansatz und schneiden sie längs in ca. 5 mm dicke Scheiben, die wir nur kurz, ohne zu bräunen, im Öl anbraten. Sie sollen nur geschmeidig werden.

Die Sauce dazu bereiten wir so:

Wir schwitzen die geriebenen Zwiebeln im Olivenöl glasig, geben dann den Tomatensaft samt der anderen Zutaten mit Ausnahme des Käses hinzu und lassen alles unter Rühren eindicken.

Wir nehmen nun die gebratenen Auberginenscheiben, häufeln in die Mitte reichlich von dem geriebenen Käse und rollen sie auf. Wir legen sie dicht an dicht in eine feuerfeste Form, bestreuen mit dem verbliebenen Käse und übergießen sie mit der Tomatensauce. Dann backen wir alles bei mittlerer Hitze 1 Stunde lang im Ofen und servieren das Gericht heiß.

KICHERERBSEN-PUFFER

REVYTHOKEFTÉDES

Wir brauchen:

1 1/2 Tassen Kirchererbsen
1 große Zwiebel, gerieben
etwas fein geschnittene Blattpetersilie und frische Minzeblätter
1 dicke Scheibe eingeweichtes und gut ausgedrücktes Weißbrot
ca. 1/2 Tasse Mehl
Mehl zum Wälzen der Puffer
Salz, Pfeffer
Pflanzenöl zum Ausbacken

Die Kichererbsen weichen wir am Vorabend in Wasser ein (wenn wir einmal weniger Zeit haben, können wir auch eine Konserve verwenden). Am nächsten Tag kochen wir sie gerade so lange, dass sie nicht zerfallen.

Wir entfernen restliche Schalen und mahlen die Kichererbsen zu einem groben Mehl. Wir vermischen mit allen anderen Zutaten und formen runde oder ovale Puffer, wenden sie in Mehl und braten sie in siedendem Öl von beiden Seiten knusprig. Wir lassen sie kurz auf Küchenkrepp abtropfen und servieren sie heiß.

Frau Anna empfiehlt dazu einen Santoriner Nychtéri-Wein aus den Tiefen des hauseigenen Weinkellers.

Und noch ein Rezept von Frau Anna, zu dem man den Nychtéri weitersüffeln kann:

LAMMROULADE MIT SPINAT UND ZITRONENSAUCE
ARNÍ ROLÓ ME AVGOLÉMONO

Wir brauchen:
eine Lammbrust, vom Fleischer entbeint
1 Tasse Bratfett oder Butter,
Saft von 1 Zitrone
Für die Füllung:
250 g Lammhack
1/2 Tasse Frühlingszwiebeln, gehackt
1/2 Tasse Weißwein
500 g geschälte Tomaten
je 2 EL Petersilie und Dill,
fein geschnitten
1/2 Tasse Zwieback, fein gerieben
1/2 Tasse Kefalotýri (oder andere würzige Hartkäse), gerieben
Salz und Pfeffer

Für die Sauce:
1300 g Spinat, Saft von 2 Zitronen
2 Eier, Salz und Pfeffer

Wir waschen die vorbereitete Lammbrust, tupfen sie trocken und würzen leicht mit Salz und Pfeffer. In einer Kasserolle schwitzen wir in einem Drittel des Bratfetts das Lammhack und die Zwiebeln an, salzen und pfeffern und gießen langsam den Wein zu, bis Dampf entweicht. Durch ein Sieb passieren wir die Tomaten dazu, fügen Petersilie und Dill bei und kochen bei starker Hitze unter Rühren etwa 15 Minuten lang, bis alle Flüssigkeit verdampft ist. Wir mengen Zwieback und Käse darunter und lassen die Füllung leicht abkühlen. Dann verstreichen wir die Masse auf der ausgebreiteten Lammbrust, rollen diese vorsichtig auf und umwickeln sie mit Küchengarn.
Wir erhitzen das restliche Fett in einer Bratreine, reiben die Lammroulade mit Zitronensaft, Salz und Pfeffer ein und braten sie zuerst bei starker Ofenhitze rundum an. Dann reduzieren wir die Temperatur auf 200° C und lassen das Fleisch etwa 1 Stunde schmoren.
Wir putzen den Spinat, waschen ihn gründlich, zerkleinern die Blätter, falls nötig, und blanchieren sie 2 Minuten.
In einem Sieb lassen wir den Spinat gut abtropfen. Dann nehmen wir die Roulade aus der Bratreine, vermischen den Bratfond mit dem Spinat, salzen und pfeffern, legen die Roulade auf das Spinatbett, gießen wenig Wasser an und lassen bei schwacher Hitze alles auf dem Herd etwa 1 Stunde köcheln.
Wir pressen zwei Zitronen aus, verquirlen mit Eiern, Salz und Pfeffer, rühren die Eimasse unter die Bratenflüssigkeit und binden bei schwacher Hitze die Sauce damit, ohne dass sie kocht.

Wenn ich, was selten der Fall ist, wenig heimzutragen habe, spaziere ich über den Musenhügel mit seinem Pinienhain und dem Filopáppos-Denkmal in die Stadtmitte zurück, die mit dem Blick zur Akrópolis und zum Lykabettós-Berg aus keiner Himmelsrichtung zu verfehlen ist.
Im Anblick des Parthenon nuckeln hier während des Sommers viele Touristen ihren Eiskaffee, den Frappé, »wie es schon der alte Gott Hephästos vor seinem Tempel Theseion zu tun beliebte«, – das behauptet jedenfalls Leo(nídas), der Puppenspieler. Sein Beweis: dieser Teller!

DER VIERTE SPAZIERGANG

Das Kolonáki-Viertel am Hang des Lykabettós, der höchsten Erhebung inmitten der City, ist Athens feine Adresse: man munkelt über die höchsten Grundstückspreise in Europa, gewiss aber in Griechenland. Die noblen Boutiquen, Bistros und Restaurants bieten Internationales an. Die meisten ausländischen Botschaften haben in der Nähe ihren Sitz, viele Prominente ihren Wohnsitz und Athens Schickeria ihren Stammsitz in den Bars und Edelkneipen um den Kolonáki-Platz.

Frau Penelope, eine frühere Bauherrin, sie lässt sich »Frau Poppie« nennen, hat zu einem Damenkränzchen gebeten und eingefunden haben sich Frau Katharina, »Frau Ketty«, Frau Joanna, »Frau Jenny« und Frau Maria, »Frau Mary.« Nach der ersten Verwirrung allerseits, weil ich kein Kartenspiel beherrsche, finden wir uns beim Austausch von Rezepten wieder und ich erfahre verblüfft, was derzeit in den feinen Haushalten von Kolonáki gekocht wird: ein Soufflé »Notredame«, ein »Viennésiko Snitsel«, »Frankfourties an Sauerkraut« und noch allerlei von Stroganoff bis Melba. Zum Aufbruch bekomme ich noch die warme Empfehlung zu einer »Kafetsoú«, einer Kaffeesatzleserin auf höchster Ebene des Viertels, bei der sich Politiker, Leute vom Schaugeschäft oder Bauherrinnen wie Frau Penelope Rat in allen Fragen holen. Diese Kunst beherrschte schon Amalia, die Portiersfrau, vorzüglich: sie sagte den Hausbewohnern unter anderem jede ankommende Post einen Tag vorher treffsicher voraus.

Nahe der Zahnradbahn, die den Lykabettós-Gipfel erklimmt, beim alten Wasserdepot »Dexamení«, trinke ich einen »Métrio«, einen mittelstark und mittelsüß gebrauten Mokka und erfahre nach Amalia-Art aus dem Kaffeesatz, dass man mich in Abelókipi erwartet und genau auf dem Weg dorthin, nämlich zum Büro, bin ich bereits.

Beim antiken Wasserdepot »Dexamení« im Kolonáki-Viertel wird auch dieser erfrischende Cocktail getrunken:

»METAXÁ SOUR«

Wir nehmen:

2 Likörgläser ***Metaxá Weinbrand
1 Likörglas Zitronensirup
1 – 3 Spritzer Angostura
2 – 3 Eiswürfel
1 Maraschino-Kirsche
1 Scheibe Zitrone,
Sodawasser

Wir geben den Brandy und Zitronensirup in ein hohes Glas, würzen mit Angostura, geben die Eiswürfel, die Maraschinokirsche und Zitronenscheibe hinein, rühren gut um und füllen mit Sodawasser auf.

Frau Penelope hatte bei ihrer letzten Neujahrsparty »stehende Ovationen« mit ihren

ST. VASSÍLIS-HÜHNERPÄCKCHEN

KOTÓPOULO »AGÍOU VASSÍLI«

Wir brauchen für 12 Gäste:

12 Hühnerbrüste
2 Pakete Blätterteig (12 Scheiben und ca. 3 Scheiben für die Dekoration)
12 Scheiben Frühstücksspeck
Sesam zum Bestreuen, Butter zum Braten
12 Gewürznelken

Für die Füllung:

2 Tassen Apfelmus (aus 2 Äpfeln, die wir kleingeschnitten mit etwas Zitronensaft weichgekocht und püriert haben)
1/4 Tasse gehackte Zwiebeln
1/3 Tasse Sultaninen
1/3 Tasse Pinienkerne
1 gestrich. TL Nelkenpulver
1 gestrich. TL Zimt

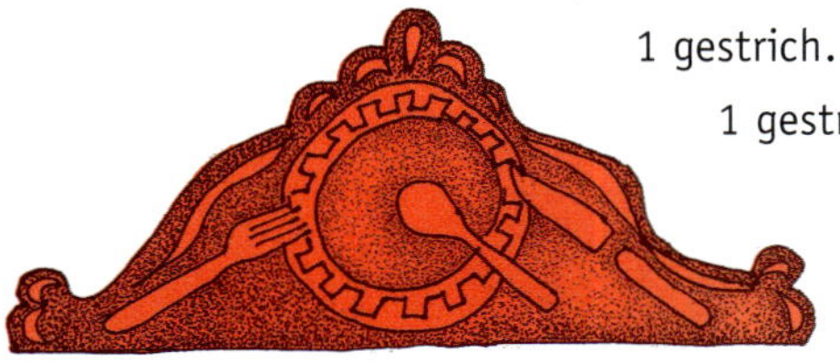

Wir dünsten alle Zutaten für die Füllung in dem Apfelmus etwa 10 Minuten lang bei schwacher Hitze.
Wir klopfen die Hühnerbrüste flach, salzen und pfeffern sie, bestreichen sie mit dem Apfel-Zwiebelmus, rollen sie auf, umwickeln sie mit je einer Scheibe Frühstücksspeck und stecken sie mit einer Rouladennadel fest. Dann braten wir sie in einer Pfanne mit Butter rundum an und lassen sie zugedeckt etwas weichschmoren. Wenn sie abgekühlt haben, wickeln wir sie in je ein Teigblatt wie kleine Pakete ein, legen sie mit der Nahtstelle nach unten auf ein Backblech und umwickeln die Päckchen mit schmalen Teigbändern, die wir zu einer Schleife binden und mit einer Gewürznelke festpicken. Wir bepinseln die Päckchen mit Wasser und bestreuen sie mit Sesam, den wir ohne Fett kurz angeröstet haben.
Die St. Vassilis-Päckchen backen wir bei mittlerer Hitze auf der 2. Einschubleiste in 35 – 40 Minuten goldgelb.

Frau Mary erwärmt sich sehr für das folgende Rezept, das sie unten für uns aufgeschrieben hat; Frau Kettys Familienrezept steht auf der folgenden Seite.

SPINAT-SOUFFLÉ
SOUFLÉ SPANÁKI

Zutaten:

1 kg Spinat, etwas Butter

500 g Emmentaler, 150 g Regato-Käse

1 kleine Dose Kondensmilch

Béchamel -Sauce aus:

1Ei, etwas Mehl

2 Esslöffel Butter, 4 Esslöffel Mehl

Zubereitung:

Wir dämpfen den (gewaschenen) Spinat in etwas Butter und fügen die beiden geriebenen Käse, sowie die Kondensmilch zu.

Sodann bereiten wir die Béchamel zu.

Mit dieser Béchamel übergießen wir (in einer Backform) die Spinat-Käsemischung und backen alles im Ofen bei 180° Grad C.

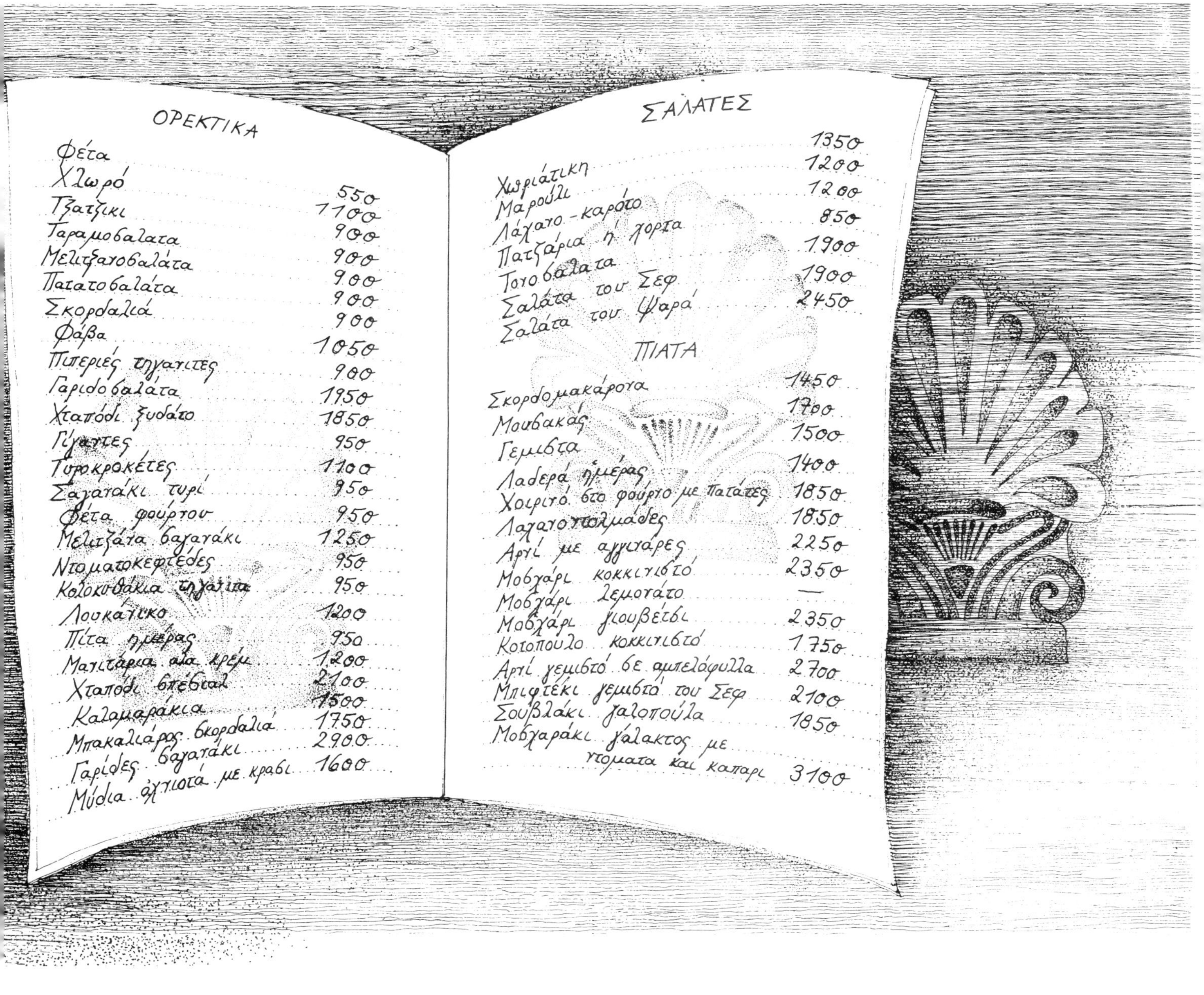

PUTENBRUST-FILETS IN DESSERTWEIN MIT WALNUSS-SAUCE

FILÉTA GALOPOÚLAS

Wir brauchen dafür:

6 Putenbrust-Filets
2 Gläser Dessertwein
(z.B. Samos oder Vysanto)
2 TL zerstoßenen Mastix (beim griechischen Händler zu bekommen)
3 EL Öl, 1 kleine geriebene Zwiebel
1 Tasse gemahlene Walnusskerne
1/8 l Schlagsahne, Salz, Pfeffer

Wir marinieren die Putenbrüste in dem Dessertwein mit dem zerstoßenen Mastix 12 Std. lang. Dann braten wir die abgetropften Filets in einer Pfanne in wenig Öl von beiden Seiten und stellen sie warm. In dem Fond rösten wir die geriebene Zwiebel unter Rühren und löschen mit dem Wein von der Marinade. Wir rühren die gemahlenen Walnusskerne unter und lassen alles etwas einkochen. Wir gießen die Sahne dazu, salzen und pfeffern, legen die warm gestellten Putenbrüste hinein, wenden sie mehrmals unter langsamen Erhitzen in der Sauce.
Zum Servieren übergießen wir die Filets mit der Walnusssauce.

Die ehemaligen »Weingärten« (Abelókipi), jetzt ein Wohn- und Geschäftsviertel, erstrecken sich nördlich des noblen Berges und ihr Zentrum ist in zwanzig Spazierminuten von hier aus erreicht. Jenseits der zwei sich kreuzenden Boulevards sind kleine gemütliche Straßen und Plätze, auf denen sich Grünanlagen, Kirchlein und ringsum die vielgeliebten kleinen Grill-Röstereien, Kafenions und Ouzerien angesiedelt haben.

In einer von ihnen hat sich das Büro auf einen Umtrunk versammelt, um den cheflichen Namenstag zu begießen. »Chrónia pollá! – Herzlichen Glückwunsch!« (Viele Jahre!)

Es ist eine richtige Ouzo-Feier, mit reichlich Eiswasser zum Mischen des hochprozentigen Getränkes und mit Gaumenkitzeleien, von denen man nach zwei feuchtfröhlichen Stunden leicht um die zwanzig verschiedene probiert haben wird, falls der Wirt damit aufwarten kann. Bei uns kann er! Seine Spezialität sind »Wachtelbissen im Weinblatt« und eine Speisekarte von Alpha bis Omega, von Antzoúgies (Anchovis) bis Orimo Abélo-Niótiko (im Weinblatt gereifter Ziegenkäse von der Insel Ios). Unter dem Buchstaben Sigma hat er gleich mehrerlei: Saganáki, Spetsofái und ein Späßchen: »Was gefällt dir besser«, hat er ein verwitwetes Mütterchen gefragt, »meine Wachtelchen im Weinblatt oder eine neue Heirat?« – »Was soll ich denn«, antwortete sie, »mit den Wachtelchen, wo ich doch keine Zähne mehr zum Beißen hab!«.

Den Auftakt zur pikanten Hitparade unseres Wirtes machte

SESAMCREME ZUM STIPPEN
TACHINOSALÁTA

Wir brauchen dafür:
1 Glas (350 g) Tachíni (Sesampaste)
Saft von 2 großen Zitronen
2 TL gemahlenen Kreuzkümmel
1 durchgepresste Knoblauchzehe
einige Spritzer Tabasco
Salz und Pfeffer

Wir verrühren in einer Schüssel den Glasinhalt mit gerade soviel Wasser, dass eine glatte weiße Creme entsteht.
Wir geben den Zitronensaft, das Kreuzkümmelpulver, die durchgepresste Knoblauchzehe, etwas Tabasco, Salz und Pfeffer dazu und rühren mit dem Elektroquirl noch einmal gut durch.
Diese Creme füllen wir in eine Schale und servieren sie ähnlich wie Tzatzíki oder Taramosaláta als Beigabe zum Ouzo.

Weiter ging es mit einem pikanten Intermezzo:

GEBRATENER KÄSE
SAGANÀKÍ

In einem Pfännchen serviert, schmeckt er am besten ganz heiß!

Wir brauchen dafür:

200 g Kaséri oder Kefalotyri-Käse
1 Ei
Semmelbrösel nach Bedarf
4 EL Butter oder Pflanzenöl
Saft einer Zitrone

Wir schneiden den Käse in 1 cm dicke Scheibchen. Das Ei verquirlen wir auf einem Teller, die Semmelbrösel geben wir auf einen weiteren Teller. In einer Pfanne erhitzen wir die Butter (das Öl). Wir wenden die Käsescheiben zunächst im Ei, dann in den Semmelbröseln und braten sie in der Pfanne von beiden Seiten knusprig goldbraun – innen sollen die Scheiben weich, aber nicht fließend sein. Mit Zitronensaft beträufelt, schmeckt Saganáki gut zum Ouzo wie zum Wein.

WACHTELBISSEN IM WEINBLATT
ORTÝKIA DOLMÁDES

Wir brauchen:

4 küchenfertige Wachteln, halbiert und mit folgender Gewürzmischung einreiben und einige Stunden ziehen lassen:
1 TL Honig
die abgeriebene Schale einer unbehandelten Zitrone
1 EL Zitronensaft
3 EL Olivenöl, Salz und Pfeffer
Weinblätter

Wir wickeln die marinierten Wachtelhälften in gewässerte Weinblätter aus dem Glas ein und umbinden sie mit einem Faden. Im 180 Grad heißen Ofen oder auf dem Grill backen wir sie etwa 20 Minuten lang und entfernen vor dem Verzehren die Blatthülle.

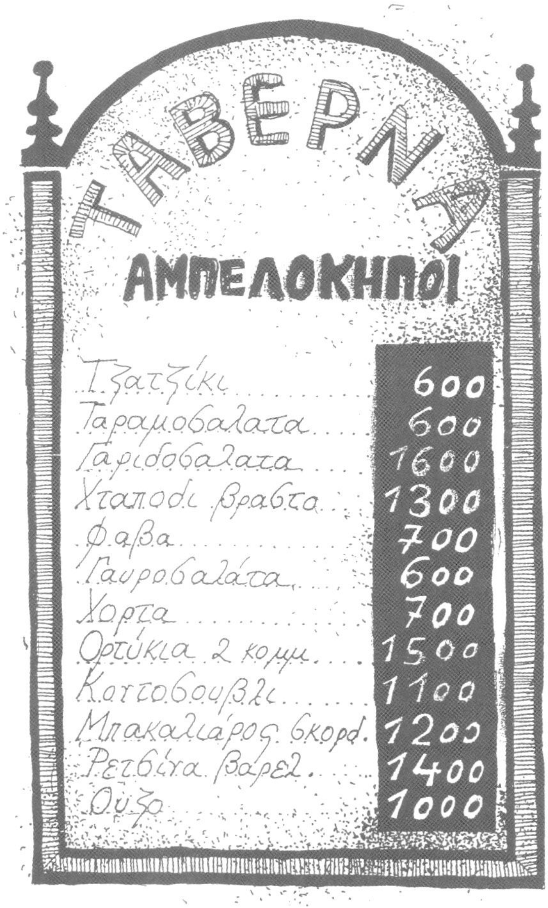

In der Ouzeri »Chalkidike« wird der Auberginensalat aus der Frucht gelöffelt!

AUBERGINENSALAT
MELITZANOSALÁTA

Wir brauchen pro Portion:
1 mittelgroße Aubergine
2 EL guten Essig
1/2 – 1 EL Olivenöl
Salz und Pfeffer
1 EL sehr fein gehackten Knoblauch
einige klein geschnittene Petersilienblätter und, nach Geschmack,
je 1 TL Tomaten- und Paprikawürfelchen

Wir waschen die Auberginen gut, tupfen sie trocken und schlitzen sie auf einer Seite längs bis zur Mitte hin auf.
Wir setzen sie mit dem Einschnitt nach unten auf ein Backblech dicht unter den Grill oder (noch besser) auf den Holzkohlengrill oder ersatzweise in Alufolie verpackt, auf dem Herd in eine zugedeckte tiefe Pfanne. Wenn die Haut dunkel wird und das Fruchtfleisch musig weich gegart ist, schieben wir mit Messer und Gabel die Öffnung noch etwas auseinander und die Fruchtmasse leicht zur Mitte hin.
Wir vermengen sie vorsichtig mit Essig, Öl, Salz und Pfeffer nach Geschmack, streuen den gehackten Knoblauch und die Petersilienblättchen darüber und bestreuen die eine oder andere Portion der Farbigkeit wegen auch mit den Tomaten- und Paprikawürfelchen.

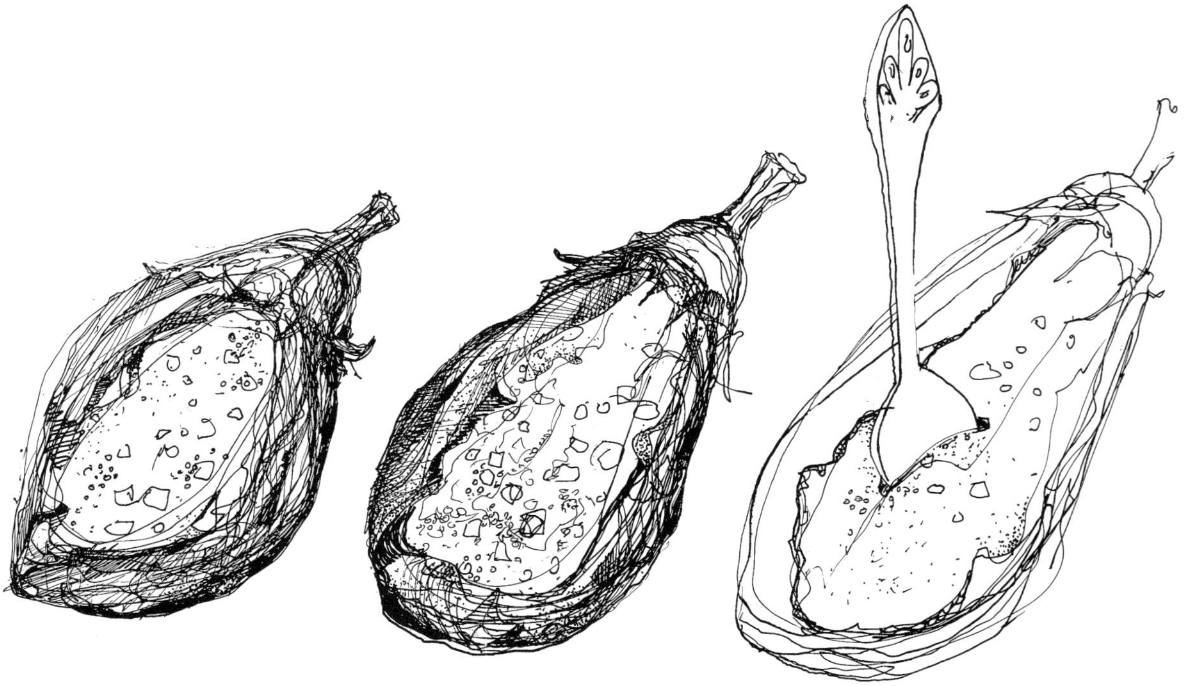

SCHWEINEHÄPPCHEN IM SPINATBLATT

CHIRINÉS BOUKIÉS

Wir benötigen:

1 kg mageres Schweinefleisch,
in mundgerechte Würfel geschnitten
1 Zwiebel, klein gewürfelt
50 g Öl zum Braten
1 EL zerstoßene Korianderkörner
2 Tassen Fleischbrühe, 1 EL Tomatenmark
1 Glas dunklen, trockenen Rotwein
1,5 kg großblättrigen Spinat
3 Eier
Saft von 4 Zitronen
Salz und Pfeffer

Wir lassen den geputzten Spinat sekundenschnell in wenig Wasser bei starker Hitze zusammenfallen und anschließend abtropfen. Dann sortieren wir die großen Blätter aus und legen sie nebeneinander auf Küchenkrepp.

In einer tiefen Pfanne rösten wir die Fleischwürfel und die Zwiebel im Öl an, fügen Korianderkörner zu und salzen. Sobald alles Farbe annimmt, löschen wir mit dem Wein ab. Dann lassen wir alle Flüssigkeit eindampfen und das Fleisch anschließend abkühlen.

Dann wickeln wir die Fleischstücke in die großen Spinatblätter ein und schichten sie in einen Topf, begießen mit dem Bratfett und der Fleischbrühe, in der wir das Tomatenmark aufgelöst haben. Die Fleischpäckchen müssen davon bedeckt sein.

Mit einem Teller beschwert lassen wir sie bei mittlerer Hitze köcheln, bis sie weich sind.

Für die Sauce verquirlen wir in einem Schüsselchen die Eier mit dem Zitronensaft und geben löffelweise von der heißen Kochbrühe hinzu. Diese »Avgolémono« (Ei-Zitronen)-Sauce erhitzen wir unter Rühren ganz langsam und nehmen sie sofort vom Herd, sobald sie einzudicken beginnt.

Die spinatverpackten Fleischhäppchen übergießen wir in dem Topf mit dieser Sauce und erhitzen alles noch einmal ganz leicht ohne zu kochen.

Zur Feier des Namenstages hatte Anni Alexiou ihrem Göttergatten sein Lieblings-Dessert bereitet und nichts davon blieb für mich übrig, als dieses Rezept:

MANDEL-ZITRONEN-GRANATAPFEL-CREME
KESKOÚL

450 ml Sahne, 450 ml Milch
150 g gemahlene Mandeln
1/2 TL Mandelessenz
175 g Zucker
fein abgeriebene Schale von 1/2 unbeh. Zitrone
40 g Reis- oder Maisstärke,
3 EL Wasser oder Milch

Zum Verzieren:
2 EL Granatapfelkerne,
1 EL Pistazienkerne (gehackt)

Die Sahne und Milch verrühren wir in einem Topf mit den Mandeln, der Mandelessenz, Zucker und Zitronenschale. Nachdem die Mischung kurz aufgekocht hat, nehmen wir sie vom Feuer, decken sie zu und lassen sie 20 Minuten abkühlen. – Wir stellen ein Sieb über einen frischen Topf und seihen die Mandelmilch durch. Dabei drücken wir die Mandeln fest an das Sieb, um das Aroma herauszupressen. Langsam die Mandelmilch erwärmend, verrühren wir die Stärke mit 3 EL Wasser oder Milch und rühren sie unter die Mandelmilch bis zum Eindicken. Auf 6 Schälchen verteilt, garnieren wir mit Granatapfel- und Pistazienkernen.

Von Abelókipi, den Weingärten, kann man schnell nach so einer ouzofeuchten Feier mit dem Trolley-Bus in Richtung Omónia- oder Sýntagmaplatz zurückkehren. Ich bin diesmal nicht zu Fuß – wie sich denken läßt – über den Leofóros Alexándras und die Patissíon-Straße, vorbei am Nationalmuseum, nach Hause gekommen. Aber anderntags habe ich für meine »echt antike« Tellersammlung eine neuen Fund gemacht:

Hier sehen wir die erste authentische Darstellung eines Fresstempels, eines sogenannten »Nektaríons«!

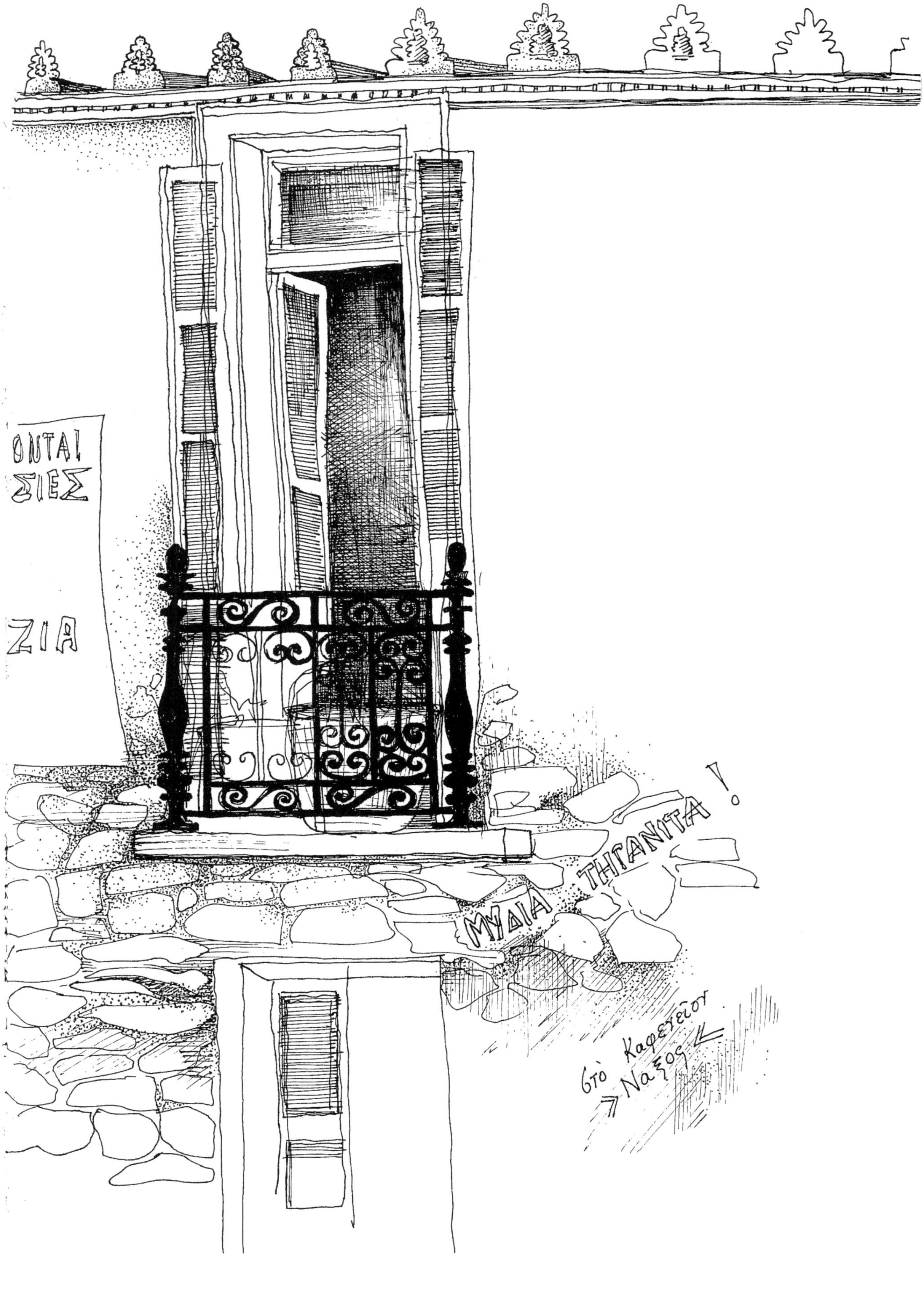
ΟΝΤΑΙ
ΣΙΕΣ
ΖΙΑ
ΜΥΔΙΑ ΤΗΓΑΝΙΤΑ !
στὸ Καφενεῖον
Ναξος

DER FÜNFTE SPAZIERGANG

Ins entgegengesetzte Athen – in jeder Weise – führt der Weg durch die westlich der City gelegenen Stadtteile Botanikós, Kolonós und Metaxourgíon. Es sind die einfachen Leute, die dort leben, bestenfalls in schmucklosen, aber adretten Straßenzügen, schlimmstenfalls eingepfercht zwischen verrottenden Industrieanlagen und dahinbröckelndem Gemäuer, dessen Ornamente von vergangenen, besseren Zeiten erzählen. Es ist der Spaziergang der Überraschungen, denn immer, wenn man glaubt, eine besonders öde Gegend zu durchlaufen, tut sich plötzlich eine kleine Oase in Form einer Grünanlage oder einer winzigen Ausbuchtung der Straße auf, wo ein findiger Wirt ein paar Tische und Stühle zwischen Pflanzenkübeln aufgestellt hat und seine kaffeetrinkenden Kartenspieler, diskutierenden Zecher aus dem Viertel mit vorzüglichen Appetithappen versorgt, mit pikanten Winzigkeiten, Miniatur-Stilleben, auf die man jedesmal gespannt sein darf. Jedesmal deshalb, weil es sich auf diese Weise am vergnüglichsten durch den Tag und den Spaziergang futtern lässt. Die wenigen Tavernen auf dem Weg haben ohnehin erst zum Abend geöffnet. Würzen wir also diesen Tag mit gelegentlichen Pausen und ihren Stilleben:

HALBZWÖLF UHR im Botanikós-Viertel, Dienstagsmarkt in der Ämoú-Straße: der Wirt von der Eckkneipe hat Gläser und Tellerchen ins offene

Fenster gestellt, für die Händler draußen und die Hocker drinnen, und beide Seiten bedienen sich an Bündelchen frittierter Fische, Gurkenspalten und Kaisergranat. Hinter den Gläsern mit dem milchig schimmernden Ouzo schwebt zwischen zwei Gaskesseln die Akrópolis in einer Dunstwolke und keine hundert Meter entfernt, verläuft im Benzingestank die antike Pilgerstraße nach Eleusis, die Ierá Odós. Der Fischhändler wirft einen Beutel Nachschub von draußen ins Lokal, von wo er direkt in die Küche wandert, aus der neue duftende Tellerchen auf der Fensterbank landen und um die Ecke bimmelt die Mittagsglocke von Agía Markélla.

UM VIERTEL VOR EINS im Kolonós: am Rande einer hässlichen stadtauswärts führenden Industriestraße öffnet sich ein grün bewachsener Platz vis à vis der alten Agíos Konstantinos-Kirche. Das Kafenion hinter den Platanen ist nur durch die Stimmen und das Klickern der »Kombolói«, der zeitvertreibenden Perlenspiele auszumachen. Der Tresterschnaps Tsípouro scheint hier begehrt zu sein, denn der Wirt dreht mit der Flasche unaufhörlich die Runde.

Mit wehendem Gewand betritt ein Mönch das Lokal, lässt sich zielstrebig mir gegenüber nieder und fragt, ob ich eine orthodoxe Christin sei. Christin ja, orthodox nein. »Macht nix, Tochter«, sagte er, »du darfst mir trotzdem einen ausgeben!« Dann bestellt er einen »Kapitalen« und eine »Schwangere Kartoffel«. Ersteres entpuppt sich als ein halbgefülltes Wasserglas Tresterschnaps, das zweite als dampfendheiße Knolle mit einer Kräuter-Käsefüllung. Pater Johannes, man kennt ihn hier bestens, hat Appetit auf ein zweites Glas und fragt den Wirt nach »Giouvarlákia«. Er bekommt einen Teller Klößchen in einer samtweißen Brühe, beteuert noch einmal, dass ich auch als Nichtorthodoxe von ihm nicht als Spenderin des Imbisses abgelehnt werde. Dann ist er mit wehendem Gewand wieder von der Bildfläche verschwunden.

REISBÄLLCHEN-SUPPE

GIOUVARLÁKIA

Die Suppe, die der Bettelmönch Johannes so liebt.

Wir brauchen für die Klößchen:

500 g mageres Rinderhack
1 kleine geriebene Zwiebel
2 EL Öl
2 EL gehackten Dill
3 EL gehackte Petersilie
1/4 Tasse Reis
Salz, Pfeffer a. d. Mühle
Mehl zum Wenden der Klößchen

Für den Sud:

1 l Wasser, besser noch Fleischbrühe
1/4 Tasse Öl

Zum Binden der Brühe:

2 Eier,
1/4 Tasse Zitronensaft

Und so wird's gemacht:

Wir vermengen alle Zutaten für die Klößchen, mit Ausnahme des Mehls, sehr gut. Falls der Teig zu zäh ist, machen wir ihn mit ein wenig Wasser geschmeidiger.
Wir formen aus der Masse murmelgroße Kugeln und stellen sie zum Bemehlen bereit, während wir das Wasser, bzw. die Fleischbrühe zum Kochen aufsetzen.
Wir füllen etwas Mehl in einen Gefrierbeutel und bewegen darin die Klößchen durch Schwenken, das überschüssige Mehl schütteln wir in einem Sieb ab.
Die Klößchen lassen wir in die siedende Brühe gleiten und darin bei schwacher Hitze in 20 – 25 Minuten gar ziehen.
Dann verrühren wir in einem Gefäß die Eier mit dem Zitronensaft, geben unter Rühren langsam eine Kelle von der siedenden Brühe hinzu und gießen, leicht umrührend, die Eier-Zitronenmischung in die Suppe mit den Klößchen, bis sie cremig bindet.
Pater Johannes wird Sie gerne besuchen!

UM VIERTEL NACH ZWEI in der Platon-Straße: die Pomeranzenbäumchen vor den langweiligen Mietshäusern haben einen Teil ihrer Früchte aufs Straßenpflaster geworfen und mittendrin blüht ein Mandelbaum. Irgendwo in der Ferne hinter der Supermarkt-Reklame verläuft der Höhenzug des Ägáleos und weiter drüben der des Párnes. Am Ende der Straße, wo der Südwind ein paar Fächerpalmen zaust und Kinder die Marmorblöcke zwischen struppigem Gras umradeln, liegt die alte Platon-Akademie.
Eine Pomeranze ist auf den Tisch geplumpst, zwischen murmelgroße Frikadellen, Riesenbohnen in Tunke, Auberginenpüree und Würstchen in Sauce. Der Wirt beeilt sich, die Tellerchen auszutauschen, diesmal bringt er gebratenen Käse – der spritzt nicht so!

HACKWÜRSTCHEN

»SOUTZOUKÁKIA«,

aus Smyrna eingewandert

Dazu nehmen wir:

750 g gemischtes Hackfleisch
2 Scheiben Zwieback
1/2 Tasse Rotwein
1/2 Tasse Wasser
1 durchgepresste Knoblauchzehe
1 Ei, Salz und Pfeffer
etwas Kreuzkümmel (Cumin)
Öl und Butter zum Braten

Für die Sauce:

1 Dose Tomatenmark
Salz, Pfeffer, etwas Kreuzkümmel
etwas Zucker, 1 EL Essig

Wir weichen den Zwieback in der Wein-Wassermischung ein, drücken ihn aus und geben ihn mit dem Hackfleisch, dem Knoblauch, dem Ei, Salz, Pfeffer und Kreuzkümmel in eine Schüssel. Wir verkneten alles gut und formen Würstchen daraus, die wir rundum in Fett bei starker Hitze braten. In einem weiten Topf lassen wir das Tomatenmark in wenig Bratfett mit den übrigen Zutaten zu einer Sauce einkochen. Wenn die Sauce bindet, geben wir die gebratenen »Soutzoukákia« in eine feuerfeste Form, begießen sie mit der Tomatensauce, lassen sie kurz überkrusten und servieren sie heiß, am besten mit Reis als Beilage. So serviert sie Herr Oréstis in seinem Kafeníon »Nea Smyrni«.

UM HALB VIER HERUM an der Kimon-Straße: im Kafenion kurz vor den Bahngleisen schimmert ein roséfarbenes Getränk in Wassergläsern. Die meisten Gäste trinken es, dazwischen zahllose kleine Stilleben auf Tellerchen: meines enthält ein gebratenes Leberschnittchen und zwei Scheiben marinierte Lammzunge neben einem Sträußchen Karotten- und Rettichstreifen, darauf ein Klacks Tzatziki. Die roséfarbene Flüssigkeit erweist sich als ein guter trockener Wein aus der Gegend um Korinth. Am Nebentisch begleitet ihn ein Stilleben, bestehend aus einer Crevette, einem winzigen gebratenen Fischkotelett, einer Gemüsekrokette und rosaroter Taramosaláta, Fischrogenpaste. Der kellnernde Junge wundert sich, dass ich's zeichne.

FISCHROGENCREME
TARAMOSALÁTA

Den Fischrogen (Taramás), gibt es in rosaroter und weißer Farbe. Der weiße ist der edlere und entsprechend teurer.

Frau Alexiou verwendet für ihre Fischrogencreme:
je 100 g vom weißen und roten Taramás
Dazu: 3 dicke Scheiben altbackenes Weizenbrot ohne Rinde
1 1/2 Tassen Sonnenblumenöl
1 EL Olivenöl
etwas Essig
1/2 Zitrone

Wir weichen das Brot ein und drücken es gut aus.
Wir geben den Fischrogen, das Olivenöl und das Brot in einen Mixer.
Wir vermengen alles bei niedriger Umdrehungszahl und gießen dabei das Sonnenblumenöl und etwas Weinessig zu. Dann erhöhen wir die Umdrehungszahl für 2 Minuten. Wenn die Fischrogencreme weiß wird, verdoppelt sie ihr Volumen und wird wie ein geschmeidiger Teig. Wir würzen zuletzt mit dem Saft der halben Zitrone, mixen noch einmal durch und garnieren die Creme in einem Schälchen, wenn wir wollen, mit einigen dunklen Oliven.

Im Kafenion an der Kimon-Straße hatte man nur den rosaroten Taramás verwendet – passend zum Wein . . .

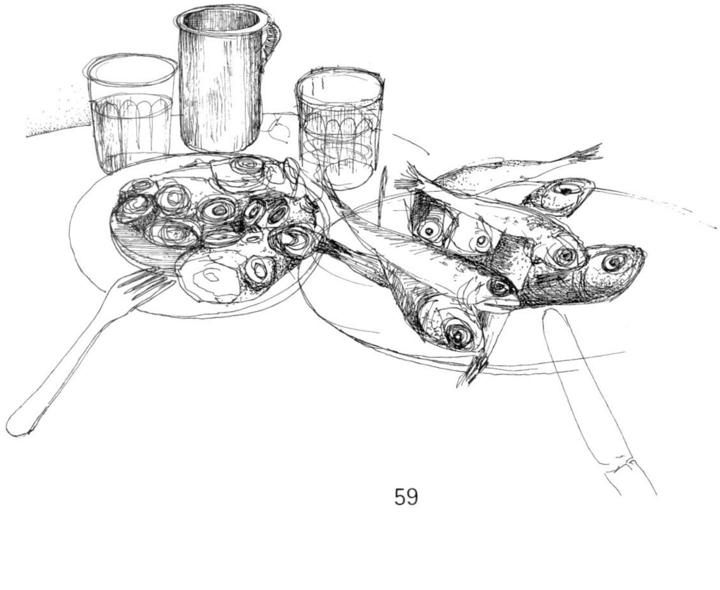

UM HALB FÜNF um Metaxourgíon herum:
Am Koumoundoúrou-Platz, kein Ort zum Verweilen, hat mich Katharina, das Zigeunerkind entdeckt, das abends Rosen im Psyrrí verkauft. Sie will an dem schmierigen Pastetenladen, vor dem ihr Papa Ziehharmonika spielt, eine Bogátsa essen. Ringsum sind die Läden bis auf die Gehwege vollgestopft mit Nüssen, getrockneten Früchten, Kokos-Konfekt, Halvá, groß wie Wagenräder und Sirupfrüchten in Glasschatullen.
Eine Taube fliegt zu dem Nuss- und Feigenladen, bedient sich und zerpickt ihre Beute auf dem Gesimse gegenüber.
Katharinas Vater tut es ihr nach und entfernt sich gleichfalls. »Soll ich dir auch etwas klauen?« fragt Katharina.

Platon und Sokrates in einem Streitgespräch über die rechte Zubereitung eines Kapauns.
»Ein Fund aus den Tiefen der Stadt«, versicherte Leo(nidas), der Puppenspieler nach meinem Ausflug zum Kolonós.

FRITTIERTE OKRASCHOTEN
BÁMIES TIGANITÉS

Wir bereiten einen Backteig aus Mehl, Wasser und Ei. Die geputzten Okraschoten tauchen wir einzeln hinein und frittieren sie schwimmend in heißem Öl, bis sie goldgelb sind.
Dazu passt Tzatziki.

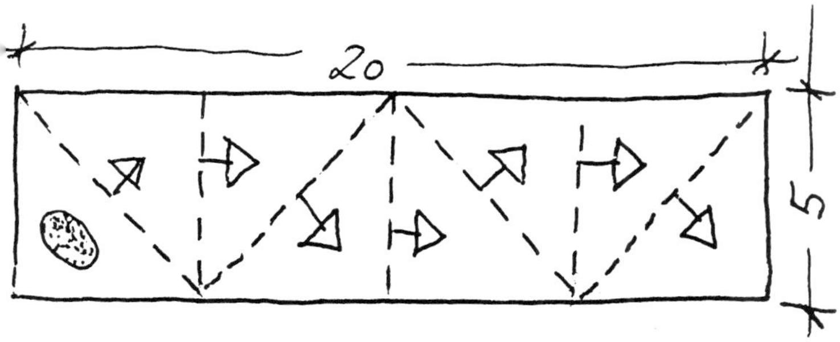

PIKANTE KNUSPER-TÄSCHCHEN
BOUREKÁKIA

Wir brauchen:
dünn ausgerollten Blätterteig, in 5 cm breite, 20 cm lange Streifen geschnitten, zum Aufwickeln wie auf der Zeichnung
Öl zum Bestreichen der Teigblätter und
Öl zum schwimmenden Ausbacken der Bourékia (Bourekákia ist die Verniedlichung)

Für die Käsecreme-Füllung:
2 EL Butter, 2 EL feinen Grieß,
0,2 l Milch, je 1 Becher geriebenen Feta und Regato (ersatzweise einen anderen würzigen Hartkäse), 1 Ei, 1 Eigelb, reichlich gehackte Petersilienblätter, Pfeffer

Und so wird's gemacht:
Wir schwitzen den Grieß in der Butter unter Rühren goldgelb, gießen die Milch dazu und lassen eindicken, während wir weiterrühren. Dann mengen wir die geriebenen Käse, das Ei und Eigelb darunter, pfeffern die Masse nach Geschmack und rühren die fein geschnittene Petersilie darunter. Wir geben jeweils 1 Teelöffel davon aufs Ende der Teigstreifen, klappen zum Dreieck und in der Folge zu wiederholten Dreiecken auf, wie hier gezeigt.
Diese Dreiecke backen wir in Öl schwimmend goldgelb und lassen sie auf Küchenkrepp abtropfen.

Zur Abwechslung für die Hackfleisch-Füllung:
200 g gemischtes Hackfleisch, 1 Becher geriebene Zwiebel, je 2 EL Petersilien- und frische Minzblätter, 2 EL Schlagsahne, Salz und Pfeffer nach Geschmack

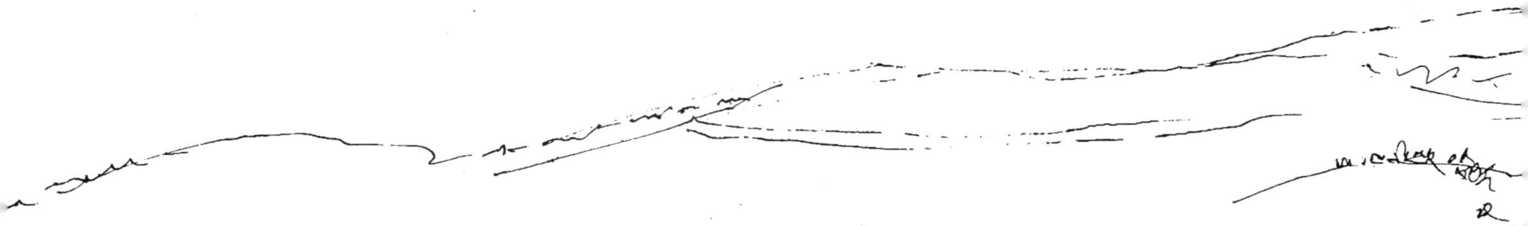

DER SECHSTE SPAZIERGANG

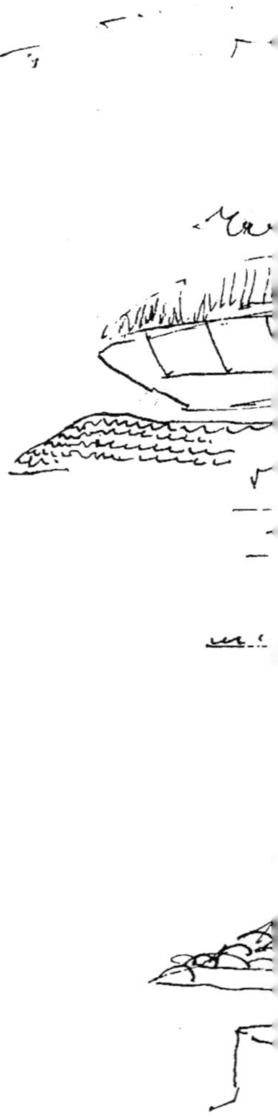

Seltsamerweise verlasse ich den Katharinenplatz nur selten in Richtung Hadrianstor und Zeustempel, obwohl sie gerade mal hundert Meter entfernt sind und obwohl man gleich dahinter, wenn der laute Verkehrsstrom überwunden ist, ein Weilchen durch den Záppion-Park oder den Nationalgarten spazieren kann – bis hinüber zum antiken Stadion. Erst dann taucht man wieder in bewohntes Gebiet ein: Pankráti und Méts heißen die beiden Stadtteile hügelaufwärts südöstlich des Zentrums.

Früher habe ich diesen Weg zweimal in der Woche genommen, um in den bürofreien Siestastunden mein kleines Architektensalär aufzubessern, indem ich Kostákis, dem fünfjährigen Nachkömmling eines hochdekorierten Stadtprominenten, Deutschunterricht »anzutun« hatte. So jedenfalls haben wir beide es empfunden und vermutlich auch Mama Rita, eine Zypriotin, die an besagten Tagen heftig bemüht war, Kostákis bei Laune zu halten und ein Kuchenblech voll Baklavá, Loukoumádes oder Galaktoboúriko bereithielt.

Die »fürstlichen« Honigkrapfen von Frau Rita waren lange ihr wohlgehütetes Familienrezept:

HONIGKRAPFEN
LOUKOUMÁDES

1,5 kg Mehl, gesiebt
2 Päckchen Backpulver
1 Dose Kondensmilch (ungezuckert)
4 Eier, 1 Tasse Zucker
1 Vanilleschote, 1 Prise Salz
4 TL Bierhefte, aufgelöst in lauwarmem Wasser
Öl zum Frittieren
Honig mit wenig Wasser zu Sirup verflüssigt

Für die Sauce:
400 g halbbittere Kuvertüre
2 EL frische Butter
1 Gläschen Brandy, 0,1 l Wasser

Zum Bestreuen:
150 g Walnusskerne, grob zerstoßen
3 EL Sesam, ohne Fett angeröstet

Und so werden sie gemacht:
In eine große Schüssel sieben wir das Mehl, vermischen es mit dem Backpulver, gießen die Milch dazu, rühren Eier und Zucker unter. Wir schlitzen die Vanilleschote auf, kratzen das Mark heraus und geben es mit dem Salz in die Schüssel. Die aufgelöste Hefe arbeiten wir unter die Teigmasse und kneten so lange, bis der Teig geschmeidig ist. Mit einem Tuch abgedeckt ruht der Teig bei Zimmertemperatur nun etwa 4 Stunden.
Wir erhitzen Öl in einem tiefen Topf, stechen vom elastischen Teig mit einem Esslöffel kleine Portionen ab und backen die Loukoumádes schwimmend goldbraun aus. Wir tauchen sie in ein Schüsselchen, in dem wir Honig mit Wasser verflüssigt haben. Wenn sich die Krapfen gut vollgesogen haben, legen wir sie auf eine Platte.
Im Wasserbad lösen wir mit Geduld die Kuvertüre auf, rühren die Butter, Brandy und Wasser ein. Gut rühren, damit die Schokoladensauce schön glatt wird!
Wir legen die Loukoumádes auf eine Platte, bestreuen sie mit den Walnussbröseln, übergießen sie mit der Schokoladensauce und krönen sie zu guter Letzt mit den angerösteten Sesamsamen
. . . und genießen, ohne uns um die Kalorien zu scheren!

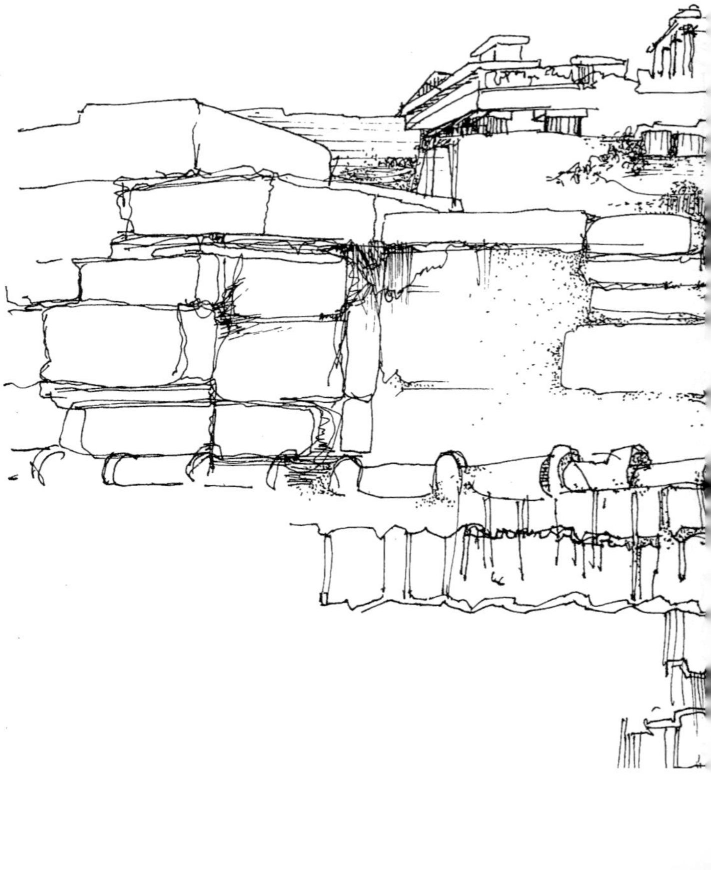

NUSS-BLÄTTERTEIG-GEBÄCK

BAKLAVÁS

Wir brauchen:
1 Paket TK-Blätterteig, aufgetaut
150 g Pistazienkerne, 150 g Mandeln,
150 g Walnüsse
1 EL Zimt, 2 EL Zucker,
1 1/2 EL Zitronensaft
3 EL Rosenwasser, 200 g Butter

Für den Guss:
200 g Puderzucker, etwas Wasser
2 EL Zitronensaft

Den Blätterteig rollen wir dünn aus und belegen ein Backblech mit der Hälfte der Teigscheiben. Wir hacken die Nüsse klein und vermischen sie mit dem Zimt, Zucker, Zitronensaft und Rosenwasser. Diese Füllung verteilen wir auf dem Teigboden, bedecken mit den restlichen Teigblättern und schneiden den Kuchen in Quadrate. Wir lassen die Butter schmelzen und bestreichen damit die Oberfläche. Im auf 225 Grad C vorgeheizten Ofen backen wir den Baklavá 12 – 15 Minuten und lassen ihn abkühlen. Aus Puderzucker, Wasser und Zitronensaft kochen wir einen Sirup, den wir warm über den Kuchen gießen.

Kostákis muss wohl auch an den Tagen ohne Deutschunterricht reichlichen Trostes aus Mama Ritas vorzüglicher Küche bedurft haben, denn er brachte einiges mehr als »das Fräulein« auf die Waage. Diese Waage war die Wippschaukel in der angrenzenden Grünanlage, deren Balken sich unverzüglich zugunsten meines Schülers senkte, wenn wir sie nach dem »Unterricht«, der meist auf Spaziergängen oder in den Konditoreien des Viertels stattfand, aufsuchten. So war mir Pankráti vor allem durch seine Patisserien, seine Eiskonditoreien und durch Frau Ritas meisterliche Kuchenbäckerei in Erinnerung geblieben und eigentlich habe ich es so auch wieder vorgefunden: der Treffpunkt ist hier tagsüber kaum das volkstümliche Kafenion, sondern die Patisserie und Cafeteria, abends das Bistro oder Speiselokal. Meine Freundin Anna, die lange in Paris gelebt hat, zieht es oft in das eine oder andere davon, genauso, wie in die Lokalitäten im angrenzenden Mets. Dort habe ich vor kurzem Kostas, den kleinen Kostákis von damals, frisch getraut, rank und schlank, beim Anschneiden seiner Hochzeitstorte, wiedergetroffen. Es war im Speisesaal einer Nobeltaverne. Er wollte mit mir Wiener Walzer, ich wollte mit ihm Syrtáki aufs Parkett legen. Der Balken von der alten Wippschaukel im Pankráti hätte sich vor Lachen gebogen.

Frisch ausgegraben zur Hochzeit erhielten die Neuvermählten diesen Teller:

Zeus, der sich wieder heimlich am Nektar vergriffen hat, wird von Gemahlin Hera dabei erwischt.

Das klassische Weihnachtsgebäck der Griechen, Kourabíédes und Melomakárona, so, wie sie Frau Rita geduldig herstellte und auf Platten türmte:

BUTTERGEBÄCK
KOURABIÉDES

2 Tassen frische Butter
1/2 Tasse feiner Zucker
2 Eigelb
4 – 5 Tassen Mehl (durchgesiebt)
1 TL Backpulver
2 Tütchen Vanillezucker
1 Mokkatasse Mastix-Likör*
etwas Rosenwasser
650 g Puderzucker

In einem Porzellangefäß rühren wir die zimmerwarme Butter ca. 45 Minuten, bis sie schaumig-weiß ist. Wir fügen unter Rühren den Zucker und die Eigelb hinzu. Das Mehl vermischen wir mit dem Backpulver und dem Vanillezucker. Wir gießen den Mastix-Likör zu der Butter und lassen langsam unter Rühren die Mehl-Mischung einrieseln.

Wir kneten alles gut zu einem geschmeidigen Teig, aus dem wir Stück für Stück runde, längliche oder halbmondförmige Teilchen von Hand formen.
Diese setzen wir auf ein mit Backpapier ausgelegtes Blech und backen sie bei mittlerer Hitze ca. 15 – 20 Minuten lang. Sobald sie aus dem Ofen genommen sind, bestreichen wir sie mit Rosenwasser und bestäuben sie durch ein Sieb dick mit Puderzucker. Auf eine Servierplatte sieben wir gleichfalls eine Decke aus Puderzucker. Darauf legen wir die erste Schicht Kourabiédes, nochmals bezuckert. Hierauf folgt eine zweite Schicht Gebäck, ebenfalls dick mit Puderzucker bestäubt und wir fahren so fort, bis wir pyramidenförmig alle Kourabiédes auf der Platte gestapelt und eingezuckert haben.

* Mastix-Likör und Rosenwasser können durch Cointreau ersetzt werden.

HONIGMAKRONEN
MELOMAKÁRONA

1 Tasse Öl oder 250 g Butter
1/4 Tasse Zucker
1/4 Tasse Brandy, 1/4 Tasse Orangensaft
2 EL abgeriebene unbehandelte Orangenschale
1 TL Sodapulver (Apotheke)
ca. 2 1/2 Tassen feiner Grieß
1/2 Tasse Mehl, durchgesiebt

Das Fett verrühren wir mit dem Zucker etwa 45 Minuten lang in einer Porzellanschüssel. Dann geben wir den Brandy, die Orangenschale und das Sodapulver zu, das wir gut in dem Orangensaft aufgelöst haben. Wir lassen unter Rühren langsam den Grieß und das Mehl einrieseln und verkneten alles miteinander zu einer geschmeidigen Masse. Daraus formen wir die runden Makronen und backen sie im vorgeheizten Ofen bei mittlerer Hitze etwa 20 Minuten lang.
Inzwischen bereiten wir den Sirup aus 1 Tasse Honig, 1/2 Tasse Zucker, 1/2 Tasse Wasser, die wir durch langsames Erwärmen gut vermischen.
Zum Bestreuen der Makronen stellen wir 1 Tasse gemahlene Walnusskerne und etwas Zimt mit Zucker bereit.
Die fertig gebackenen Makronen beträufeln wir mit dem Sirup und bestreuen sie mit dem Walnussmehl, Zimt und Zucker. Auf einer Platte türmen wir die Honigmakronen pyramidenförmig auf.

Viel Geduld erfordert auch das Kandieren von Früchten, aber es lohnt die Mühe, etwas für Leckermäuler auf Vorrat!

KANDIERTE BIRNEN

ACHLÁDIA GLASÉ

Dazu brauchen wir:

Kleine feste Birnen

Zucker, Zitronensaft und Zitronenschale (unbehandelt)

auf 1 kg Birnen für den Sirup

750 g Zucker

Wir schälen die Birnen, halbieren sie und schneiden das Kerngehäuse aus.

Die Birnenhälften legen wir in einen breiten, flachen Topf, bedecken sie mit Wasser, geben Zucker, Zitronensaft und wenig Zitronenschale dazu und kochen die Birnen halbweich. Wir lassen die Birnen gut abtropfen und wiegen sie: auf 1 kg Birnen benötigen wir 750 g Zucker, den wir mit dem Kochsaft der Birnen so lange kochen, bis ein nicht zu dicker Sirup daraus entstanden ist.

Wir legen die Birnen nebeneinander in eine flache Schale, übergießen sie mit dem erkalteten Sirup und lassen sie darin 2 – 3 Tage stehen.

Dann kochen wir die Flüssigkeit erneut auf bis sie eindickt, begießen wieder die Birnen damit, und lassen sie einen Tag stehen. Diesen Vorgang wiederholen wir noch zweimal. Auf diese Weise erhalten wir einen dicken Sirup.

Nun legen wir die Birnenhälften auf ein Backblech, bedecken sie mit dem Sirup und lassen sie bei niedriger Hitze so lange im Backofen, bis sich eine Kruste um die Früchte gebildet hat.

Wir nehmen die Birnen aus dem Ofen, lassen sie erkalten und bewahren sie luftdicht verschlossen in Gläsern auf.

DER SIEBTE SPAZIERGANG

Es ist Karnaváli – Apokriés – in Athen und vor allem unter der Akrópolis eingezogen. An den letzten drei Wochenenden hat das Gedränge, Gehüpfe durch die Pláka immer mehr zugenommen und der Drehorgelmann schiebt seinen plüsch- und troddelbehangenen Karren mit der Hymne auf die Pláka mittendurch.

Herr Stamatis, dem das Hotel drüben an der Ecke gehört, unterweist mich im Text zur allbekannten Melodie und sein Bruder Kostas bewaffnet mich mit einem Róballo, jener bunten Plastikkeule, mit der sich das ausgelassene Volk der Athener seinen Weg durch das Gewoge bahnt – und ebenfalls keulenschwingend steigen die Götter von der Akrópolis herab und mischen sich unters Volk, wie es das Lied besingt (der Text steht auf Seite 8).

Gerade so, als wäre es bereits Sommer, haben die Tavernen ihre Tische und Stühle wieder ins Freie gestellt und erwarten Athener und Götter – wer kann sie schon unterscheiden? – Tafeln tun sie jedenfalls alle wie die Götter, draußen oder drunten in den tiefen Kellern, wo es knusprigen Stockfisch, den Bakaliáros, gibt und wo man von unten nur die Füße der Vorbeischiebenden hinterm Retsinaglas wahrnimmt.

»Sepia auf Blattspinat«, »Gefüllte Calamari«, »Wurstnäpfchen«, »Käsehäppchen« und mehr verheißen die Tafeln vor den Tavernen.

Herr Alexiou, der Architekt, liebt dieses Gericht, seit er es in Thessaloníki kennengelernt hat, besonders, und zur Karnevalszeit findet er es auch in Athen.

GRAUPEN MIT MIESMUSCHELN UND GARNELEN

PLIGOÚRI ME MÝDÍA KÄ GARÍDES

Wir brauchen:

2 mittelgroße Zwiebeln,
in Ringe geschnitten
100 g Pinienkerne
1/2 Tasse Olivenöl
1 grüne Paprikaschote, klein gewürfelt
2 Mokkatassen trockenen Weißwein
1/2 Tasse fertige Fischbrühe
250 g Miesmuscheln, ausgelöst
250 g kleine Garnelen,
gegart und ausgelöst
100 g Korinthen, 1 EL Zucker
Salz, Pfeffer, Zimtpulver
2 Tassen Graupen
100 g Regáto-Käse, gerieben
(ersatzweise Gruyère)

Wir bereiten das Gericht in einer Kasserolle bei mittlerer Hitzezufuhr auf dem Herd zu. Die Zutaten erfordern keinen Wechsel des Kochgeschirrs und der Gartemperatur.
Zuerst rösten wir Zwiebelringe mit den Pinienkernen in Öl an, geben Paprikawürfel zu und braten unter Rühren ca. 5 Minuten. Dann gießen wir den Wein und die Brühe an, fügen die Muscheln zu und garen etwa 5 Minuten. Nun kommen die Garnelen, Korinthen und der Zucker in den Topf. Einmal umrühren und mit den Gewürzen abschmecken.
Nach ca. 3 Minuten Kochzeit noch etwas heißes Wasser zugeben (etwa 2 Tassen), das Gericht zum Kochen bringen und die Graupen langsam einrieseln lassen.
Nun muss bei aufgelegtem Deckel alles noch etwa 15 Minuten garen. Vor dem Servieren bestreuen wir mit geriebenem Käse.

CALAMARI-FRIKADELLEN MIT SAURER SAUCE

KALAMÁRIA – KEFTÉDES ME XYNÍ KRÉMA

Der Wirt schwört: »die Tinte gibt den Pfiff!«

Wir brauchen:

500 g Calamari, noch nicht ausgenommen, mit der Tintenblase
3 mittelgroße Zwiebeln, gerieben
1 Knoblauchzehe, durchgepresst
3 EL fein geschnittene Petersilie
Mehl, soviel es zum Binden des Teiges bedarf Öl zum Frittieren

Für die Sauce:

2 EL Butter, 2 EL Mehl
1/2 Tasse guten Essig
1/2 Tasse Soja-Sauce
1 TL Zucker, Salz

Wir geben die Calamari in eine Schüssel, ziehen den Rand des Mantels soweit zurück, bis die Spitze des Kalkblatts frei liegt. Wir ziehen das Kalkblatt vorsichtig heraus und entfernen es. Dann halten wir mit der einen Hand den Kopf des Calmars (unterhalb der Augen) mit der anderen Hand den Mantel fest und trennen beide Teile vorsichtig voneinander. Nun haben wir den Tintenbeutel unverletzt am Kopfteil mit den Eingeweiden und den Tentakeln hängen. Wir ziehen das Häutchen vom Mantel ab und schneiden Tentakel und Mantel in winzigkleine Würfelchen, die Tinte fangen wir in einer Schüssel auf. Die Würfelchen vermischen wir mit geriebener Zwiebel, Knoblauch und Petersilie und lassen unter Kneten soviel Mehl einrieseln, bis eine feste Masse von gleicher Konsistenz wie bei Fleisch-Frikadellen entstanden ist. Wir salzen die Masse vorsichtig und formen daraus Frikadellen, die wir bei starker Hitze von beiden Seiten knusprig braun braten.

Die Sauce bereiten wir so:In einer Pfanne lassen wir das Mehl in der Butter goldbraun rösten, löschen unter Rühren langsam mit dem Essig und der Soja-Sauce, schmecken mit dem Zucker ab, geben die Tinte zu und rühren weiter, bis die Sauce eindickt. Wir nehmen sie vom Herd, rühren bis zum Erkalten weiter und schmecken mit Salz ab.

»Solche Bissen verdienen als Begleitung einen Ouzo von der allerfeinsten Sorte,« sagt der Gast am Nebentisch in der Kydathinäon-Straße und bestellt ein neues Karäffchen für sich

ΟΔΟΣ
ΚΡΕΒΒΑΤΑ
KREVATA
ΕΔΩ
ΠΩΛΟΥΝΤΑΙ
ΔΙΣΚΟΙ 78
ΓΡΑΜΜΟΦΩΝΟΥ
μια χαριτωμένη γωνία:
"Ο Πλάτων"
Κλαδου 8
Πλάκα

und seine schöne Helena. Ein paar dionysisch verkleidete Gestalten kippen sich ebenfalls Ouzo zwischen die Bärte aus Weinlaub und gabeln:

STOCKFISCH-AUFLAUF
BAKALIÁROS PSITÓS

Wir brauchen:

1 kg gut gewässerten Stockfisch
Saft von 1 – 2 Zitronen, Salz
3/4 Tasse Olivenöl
6 Zwiebeln, in Ringe geschnitten
1 Knoblauchzehe, gehackt
1 Tasse Petersilie, gehackt
einige Zweige Majoran
Salz und Pfeffer
4 Tomaten, gehäutet, entkernt, gehackt
etwa 1/8 l Weißwein
1 unbehandelte Zitrone

Und so bereiten wir den Stockfisch zu:
Den gewässerten Fisch befreien wir von allen Hautresten und Gräten, zupfen ihn in mundgerechte Stücke und marinieren ihn mit Zitronensaft und Salz 1 – 2 Stunden. In einer Kasserolle erhitzen wir das Öl, schwitzen darin Zwiebelringe und Knoblauch an, fügen Petersilie, Majoran und die Gewürze zu und rühren die kleingeschnittenen Tomaten unter.
Wir köcheln die Sauce etwa 5 Minuten, schmecken sie ab und gießen sie über den Stockfisch. Wir gießen etwas Wein zu und belegen den Auflauf mit hauchdünn geschnittenen Zitronenscheiben. Wir garen bei guter Mittelhitze etwa 20 – 30 Minuten. Der Auflauf wird direkt aus der Garform serviert.
Der Wirt weiß es schon: dazu fehlt nur noch ein Stück Brot und ein gutes Glas Wein! »STIN YA MAS!« – »ZUM WOHL!«

MARINIERTE SARDELLENFILETS
GÁVROS MARINÁTOS

So werden sie gemacht:

500 g ganz frische Sardellen
Saft von 4 – 5 Zitronen
gutes Olivenöl
1 Stengel Dill, fein geschnitten
Salz, am besten Meersalz,
frisch gemahlen

Wir schneiden die Sardellen von der Bauchseite her auf – sie müssen aber noch zusammenhängen. Wir entfernen den Kopf, die Innereien und die Rückengräte, ohne die Fische zu beschädigen. Wir legen die aufgeklappten Sardellen auf einem großen Teller aus, beträufeln sie mit dem Zitronensaft und stellen sie für 4 – 5 Stunden kühl.
Dann geben wir die Sardellenfilets auf eine Servierplatte, begießen mit Olivenöl, streuen den Dill darüber und salzen nach Geschmack. Wir servieren Brotstücke dazu.

ΔΕΝΙΖΑ ΦΕΙΡΙΟΥ
ΠΙΑΓΚΟΣ

Herr Jorgis, der Ikonenmaler aus Kreta, hat jetzt wieder seine Staffelei neben den Kochtöpfen in der Küche, die auch sein Atelier ist, verlassen und beobachtet, den Krückstock an die warme Hauswand gelehnt, mit mir bei einem Krug Retsina das Treiben in der Kleinen Gasse, nahe der Römischen Agorá. Sein Freund, der Wirt vom »Platon« gegenüber, versorgt uns mit winzigen, knusprig ausgebackenen Stinten, die so schön krachen, wenn sie wie Pommes aus der Hand verzehrt werden.

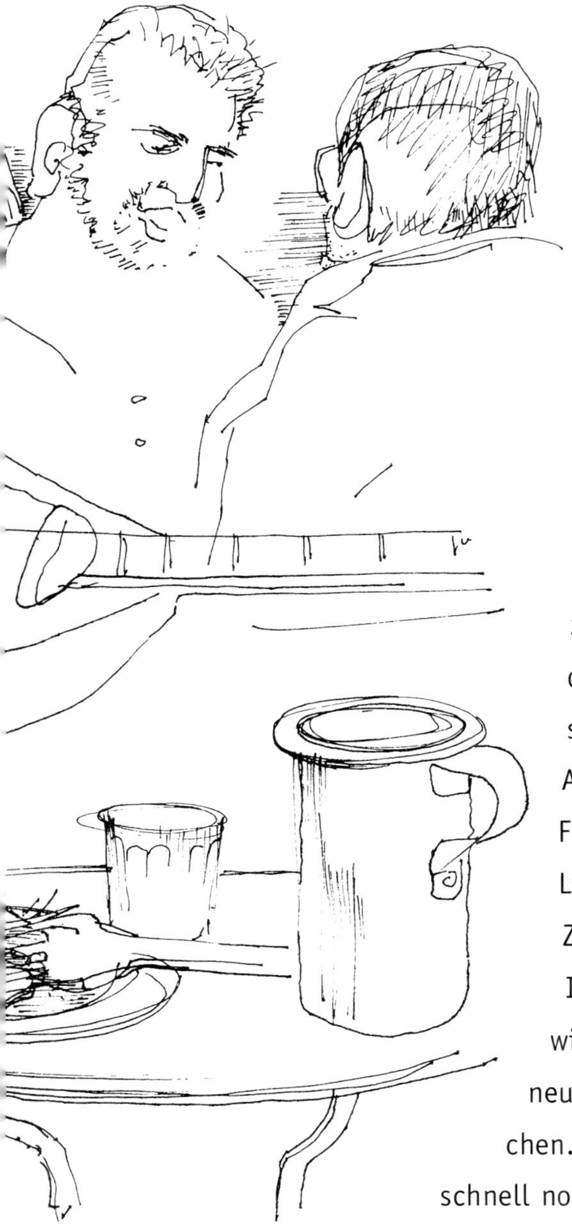

Schon wieder die Drehorgel und der »Saleeep-Saleeep«-Verkäufer, der aus seinen Messingkannen ein heißes, sirupartiges Gebräu von einer Orchideenwurzel ausschenkt, mit Zimt bestäubt, und erstaunlicherweise keinen Tropfen verschüttet, denn die am wildesten tobenden, kleinsten kostümierten Athener klettern inzwischen über die ausgegrabenen Marmorblöcke beim Lysikrátes-Denkmal. An der alten Agorá und beim Theseion sind Gaukler und Musikanten aufgezogen. Babis, die Bouzoúki-Marionette, klimpert den neuesten Ohrwurm, die Teller hat sein Meister vorsichtshalber zu Hause gelassen. Am Abessinien-Platz (Platia Avyssinías), mitten im Flohmarkt, tanzt Katharina, das Zigeunerkind, zu Liedern, die ihre Mama singt, begleitet von der Ziehharmonika des Papas.

Im Psyrrí, bei Rebekka, haben sich einander wildfremde Gäste nach ein paar Gläsern zu immer neuen Musikgruppen formiert und futtern Häppchen. Beim Naxioten und all den anderen hat man schnell noch ein Dutzend Tische dazugestellt, jedoch mit eineinhalb Meter Respektsabstand zur nächsten Taverne.

Bevor der »Saubere Montag« kommt – der erste von vierzig Fastentagen, machen Athener Hausfrauen noch schnell eine Galatópitta, eine Milchtarte, zum Beispiel nach diesem Rezept:

MILCHTARTE
GALATÓPITTA

Wir brauchen:
eine runde Backform,
Durchmesser ca. 30 cm
und für die Tarte
6 – 7 Scheiben Blätterteig, angetaut
ca. 100 g Butter, leicht erwärmt,
zum Bestreichen

Für die Eiermilch:
3 Eier
200 g Zucker
0,6 l lauwarme Milch
1 Vanilleschote
Zimt zum Bestreuen

Für diese Tarte eignen sich Glas- oder weiße Hartporzellanformen am besten. Wir falten die angetauten Teigscheiben wie eine Ziehharmonika und stellen sie nebeneinander aufrecht gefältelt in die Form. Sie dürfen, ja sie sollen sogar unregelmäßig fallen – evtl. kann man sie noch zurecht zupfen.

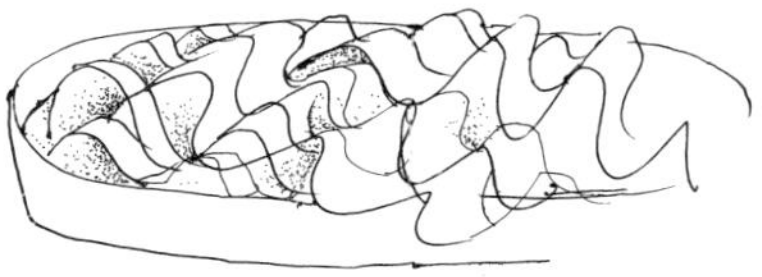

Die erwärmte Butter streichen wir mit einem Backpinsel in alle Falten – sorgfältiges Arbeiten ist angesagt. Dann stellen wir die Form für 25 – 30 Minuten in den auf 200 Grad C vorgeheizten Backofen. Während der Blätterteig vorbackt, bereiten wir die Eiermilch zu: wir schlagen die Eier leicht mit dem Zucker und dem ausgeschabten Mark der Vanilleschote. Dann rühren wir langsam die lauwarme Milch unter.
Wenn der gefältelte Teig eine goldbraune Farbe hat, übergießen wir alles mit der Eiermilch. Die Milchtarte backen wir nun noch 30 Minuten weiter, nehmen sie aus dem Backofen und bestäuben sie mit Zimt. Wir servieren die Tarte lauwarm. Sollte einmal etwas übrig bleiben, kann die Tarte problemlos im Ofen noch einmal aufgebacken werden.

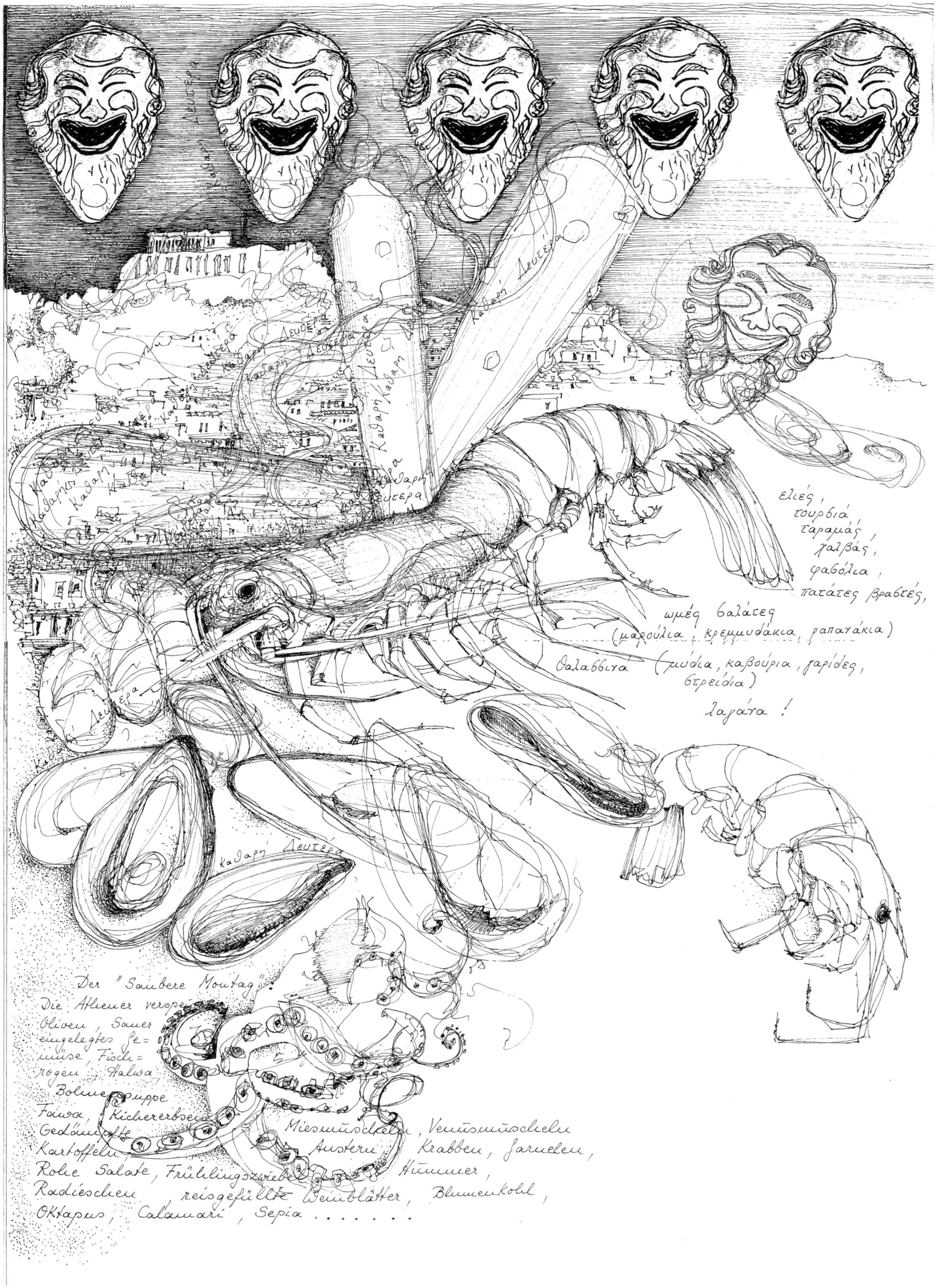
καθαρή Δευτέρα
ελιές,
τουρσιά,
ταραμάς,
χαλβάς,
φασόλια,
πατάτες βραστές,
ωμές σαλάτες
(μαρούλια, κρεμμυδάκια, ραπανάκια)
θαλασσινά (μύδια, καβούρια, γαρίδες, στρείδια)
λαγάνα!
Der "Saubere Montag":
Die Athener verspei[sen]
Oliven, Sauer eingelegtes Ge=müse, Fisch=rogen, Halwa,
Bohnensuppe
Fawa, Kichererbsen
Gedämpfte Kartoffeln,
Rohe Salate, Frühlingszwiebel,
Radieschen
Miesmuscheln, Venusmuscheln
Austern, Krabben, Garnelen,
Hummer,
reisgefüllte Weinblätter, Blumenkohl,
Oktapus, Calamari, Sepia ....

KATHARÍ DEFTÉRA, DER »SAUBERE MONTAG« IST GEKOMMEN

Das große Reinemachen der Speisekammern und Küchen von allen verbliebenen Versuchungen gab ehemals dem »Sauberen Montag« seinen Namen. Für Behörden, Schulen, Konditoreien und Milchläden ist's ein Feiertag. Fleisch, Fisch, Ei und Milchprodukte sind vom »Sauberen Montag« an vierzig Tage lang, »sozusagen«, vom Speiseplan verbannt. Dafür quellen die Märkte über von grünem Blattgemüse, Salat und Radieschen, die alle frisch gewaschen, ohne Tunke, aus der Hand geknabbert werden. Die heißgeliebte Bohnensuppe, Kichererbsen und Fawa, der Erbsbrei, feiern in allen Kochtöpfen mit, aber Hochkonjunktur haben Berge von Schal- und Krustentieren, von Tintenfischen und Fischrogen am »Sauberen Montag«, dem Freudenfest der Enthaltsamkeit.

Die Bäckereien haben sich für den Ansturm auf die Lagánes, ovale, sesambestreute Brotfladen, gerüstet.

Man hat am Sonntagmittag noch einmal mit dem Papierdrachen, Papieradler geübt, um mit ihm am »Sauberen Montag« durch einen schwungvollen Aufstieg zu glänzen, wenn sich die Athener auf ihren bewaldeten Hügeln versammeln und den Inhalt der Picknickkörbe ausbreiten.

EINGELEGTE OLIVEN

ELÄÉS

Wir brauchen:

600 g kleine grüne Oliven mit Stein
2 Knoblauchzehen
je 1 TL Fenchelsamen
fein gehackte Rosmarinnadeln
fein gehackte Majoranblättchen
fein geriebene Zitronenschale
und mildes Paprikapulver
500 ml gutes Olivenöl

Die Oliven in einem Sieb abtropfen lassen. Mit einem spitzen Messer rundum einritzen. Knoblauchzehen pellen, sehr fein hacken. Fenchelsamen im Mörser zermahlen.
Alle Zutaten mit dem Olivenöl vermischen.
Die Oliven in eine Steingutschüssel geben und mindestens 3 Tage mit der Marinade bedeckt durchziehen lassen.

Die Oliven sind aus einem Picknickkorb am »Sauberen Montag« (Katharí Deftéra) nicht wegzudenken!

Den größten Ansturm erlebt alljährlich der Filopáppos, der Musenhügel, auf dem sich alle Regionen des Landes tanzend und musizierend ein Stelldichein geben – bis die Sonne vor den weingeröteten Nasen im Saronischen Golf versinkt und Eugeusia, die Muse des Wohlgeschmacks, erschöpft und zufrieden im Gebüsch einschläft.

Bei der Heimkehr erinnere ich mich unweigerlich an Herrn Perikles aus Smyrna, der inmitten hunderttausender byzantinischer Kunstschätze, auf Fotoplatten gehortet, in seinem Pláka-Archiv, gleichsam wie ein weiser alter Rabe, Freunde, Künstler und Wissenschaftler empfing und mir am »Sauberen Montag« stets ein Blumengebinde, bestehend aus einem schleifenumwundenen Broccolo und einer Lagána zu überreichen pflegte.

BUNTER NUDELSALAT

zur Fastenzeit

SALATA SYMARIKÓN

Wir brauchen:

250 g bunte Nudeln in Schleifen- oder Muschelform
200 g getrocknete Tomaten, gut eingeweicht
je 100 g frische Spinat- und Rucolablätter
3 Frühlingszwiebeln, in Ringe geschnitten
1 TL fein gehackten Knoblauch
1 TL zerriebene Chilischoten
3 TL gezupfte Petersilie
60 g Pinienkerne, ohne Fett angeröstet
Oregano, getrocknet oder Pizzagewürz,
Salz und Pfeffer
4 EL guten Weinessig oder Balsamico-Essig

Wir kochen die Nudeln in reichlich Salzwasser bissfest, schrecken sie mit kaltem Wasser ab und lassen sie gut abtropfen. Die Teigwaren verteilen wir auf großen Portionstellern. Die Tomaten schneiden wir in Streifen und richten sie zusammen mit den gewaschenen, trocken geschleuderten Spinat- und Rucolablättern, Frühlingszwiebelringen, Knoblauch und Chilischoten auf den Nudeln an.

Wir überstreuen mit Petersilienblättchen, Pinienkernen und Oregano, den wir leicht zwischen den Fingerkuppen verreiben, salzen und pfeffern und beträufeln zuletzt den Salat mit gutem Essig. Für weniger strenge Faster darf es auch ein wenig Pflanzenöl sein.

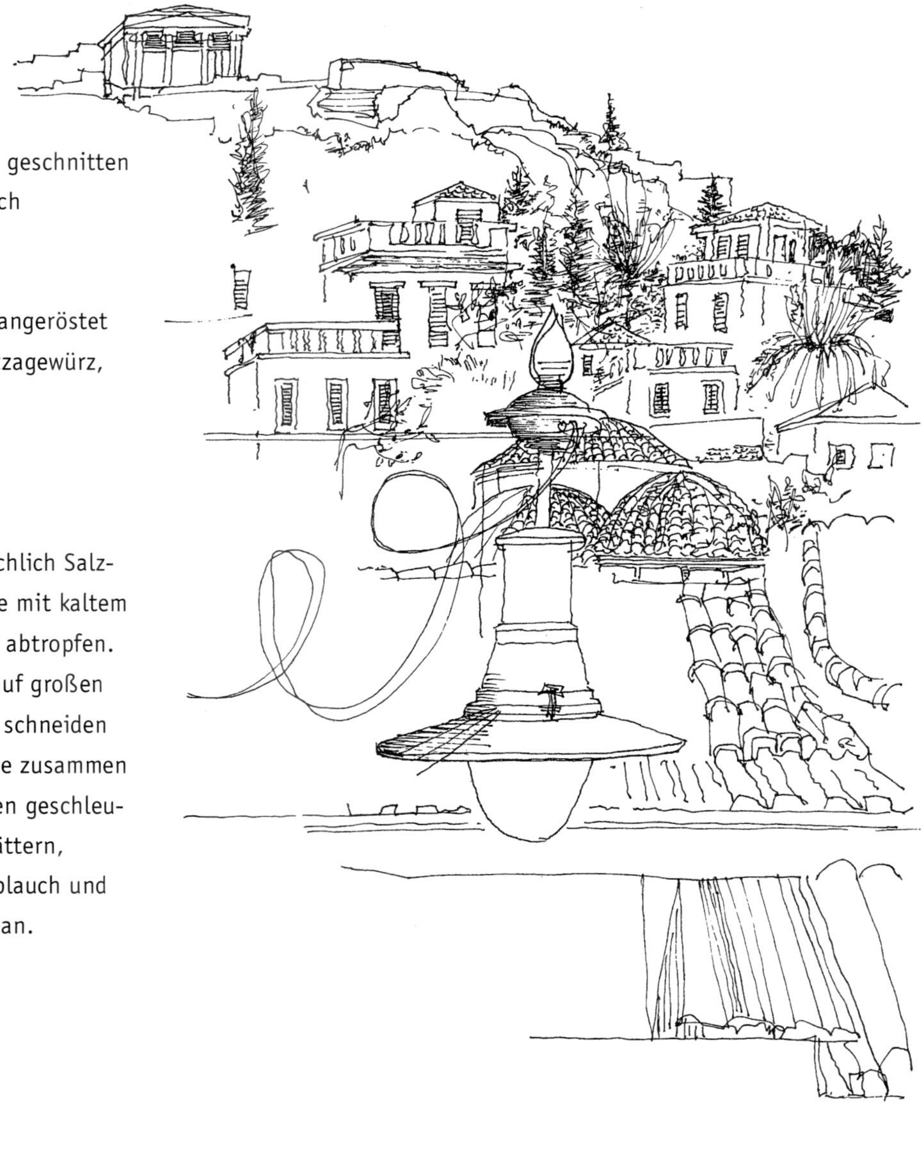

Athen bietet auch Vegetariern überraschende Genüsse. Im Restaurant »Eden« in der Pláka drängeln sich, in diesen Tagen noch mehr als sonst, die Gäste. Hier ein paar Kostproben:

WEINBLÄTTER MIT LINSEN- UND MINZEFÜLLUNG

ABELODOLOLMÁDES ME FAKÉS KÄ DYÓSMO

Wir brauchen:
35 – 40 Stück Weinblätter, gut gewässert*
2/3 Tasse Olivenöl
3 große Zwiebeln, klein gehackt
4 Knoblauchzehen, fein gehackt
1/2 Tasse Basmati-Reis
1/2 Tasse gekochte Linsen
2 Fleischtomaten, gehäutet, entkernt, gewürfelt
1 TL Petersilie, fein geschnitten
2/3 Tasse Minzeblätter, fein geschnitten
1/2 TL Nelkenpulver
Salz und Pfeffer

Wir entstielen die gewässerten, gut abgetropften Weinblätter und breiten sie nebeneinander aus. Kleine oder beschädigte Weinblätter legen wir zum Auslegen einer ofenfesten Form oder eines breiten Topfes beiseite.
In einer Pfanne schwitzen wir in einem Teil des Öls die gehackten Zwiebeln an. Unter Rühren braten wir sie 5 – 7 Minuten goldgelb. Dann fügen wir Knoblauch und Reis zu, rühren alles weitere 3 – 5 Minuten und löschen mit einer halben Tasse Wasser ab. Sobald dieses verdampft ist, nehmen wir die Pfanne vom Herd und lassen den Reis abkühlen.
Dann vermischen wir in einer Schüssel den Reis mit den Linsen, Tomatenwürfeln, fein geschnittenen Kräutern und den Gewürzen. Unter diese Füllung arbeiten wir noch 3 – 4 Esslöffel Öl.
Wir legen eine ofenfeste Form mit den beschädigten Weinblättern aus.
Die großen Weinblätter füllen wir mit je 1 Teelöffel Reis-Linsen-Mischung.
Wir müssen darauf achten, dass die glänzende Seite der Blätter nach außen zeigt. Nun schlagen wir die Blätter von links und rechts ein, rollen sie auf und setzen sie dicht an dicht in die Form.
Wir übergießen alles mit dem restlichen Olivenöl und wenig Wasser, beschweren die Dolmades mit einem Teller und lassen sie entweder auf dem Herd ca. 1 Stunde leise köcheln oder stellen die Form in den auf ca. 160 Grad C erwärmten Backofen. Falls nötig, gießen wir noch etwas Wasser zu.

* Weinblätter entweder aus dem Glas/Dose oder frische, ungespritzte Blätter, ca. 1 – 2 Minuten blanchiert.

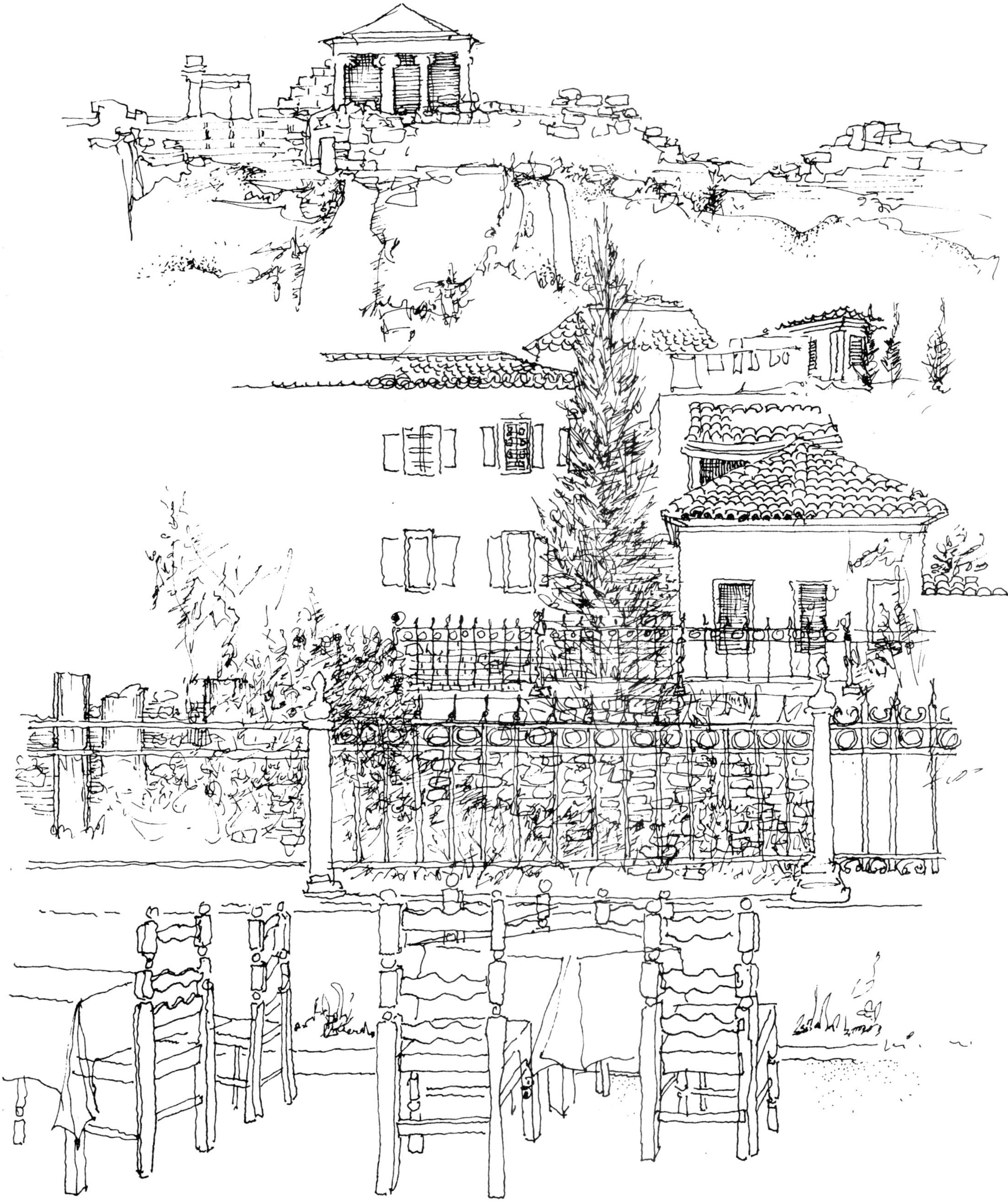

GEBACKENE LINSEN MIT WALNÜSSEN

FAKÉS ME KARÝDIA FOÚRNOU

Wir brauchen:

100 g Linsen, nicht zu weich gekocht
3 EL Pflanzenöl
1 Zwiebel, fein gehackt
75 g Walnusskerne, gemahlen
75 g Gerstenbrot, gerieben
1 TL Salbei, gerebelt
Salz und Pfeffer
1/2 TL Bierhefe, in 2 TL Wasser aufgelöst

So bereiten wir Linsen mit Walnüssen zu:
Die nicht zu weich gekochten Linsen lassen wir gut abtropfen. Wir erhitzen 2 Esslöffel Öl in einer Pfanne, schwitzen darin die gehackte Zwiebel an, geben die abgetropften Linsen sowie nacheinander alle weiteren Zutaten hinein und vermischen alles gut. Wir ölen eine ofenfeste Form mit dem restlichen Öl aus, füllen die Mischung ein und backen den Auflauf bei mittlerer Hitze etwa 30–40 Minuten. Zu den Linsen servieren wir frischen Salat oder auch nur eine aufgeschnittene reife Tomate.

Eine griechische Fastenspeise, von der Leckermäuler nicht genug bekommen können, wenn sie nach diesem Rezept bereitet ist:

HALVÁS MIT KORINTHEN

HALVÁS

Wir brauchen:

1 Tasse Öl
2 Tassen Grieß
3 Tassen Zucker
4 Tassen Wasser
1 Mokkatasse kernlose Korinthen
1 Tasse Brandy oder Sherry
je 1 Mokkatasse Walnusskerne und Mandeln, grob gehackt und zart angeröstet
Zimtpulver
einige zerriebene Gewürznelken

Halvás braucht ein bisschen Geduld – aber es lohnt sich!
Am Vorabend weichen wir die Korinthen in Brandy oder Sherry ein. Vor der Zubereitung des Halva am nächsten Tag, lassen wir sie noch ein wenig mit dem Alkohol einköcheln.
In einem tiefen Topf erhitzen wir das Öl zusammen mit dem Grieß, rühren dabei ständig und stetig mit einem Holzlöffel, bis der Grieß eine schöne Farbe angenommen hat. Ist ein Karamellfarbton erreicht, lassen wir den Zucker einrieseln – dabei immer weiterrühren. Der Zucker sollte leicht karamellisieren, das gibt dem Halvás ein besonderes Aroma. Während wir immer weiterrühren, gießen wir langsam Wasser zu – aber keinesfalls mehr als vier Tassen!
Wir mengen nun die Korinthen und Nusskerne unter, nehmen den Topf vom Herd und bedecken ihn mit einem Küchentuch. Wir wählen eine beliebige Form aus und füllen sie fest mit der »ausgeruhten« Halvás-Masse. Diese stürzen wir auf eine Platte und bestäuben sie reichlich mit Zimt und Nelkenpulver.

Herr Perikles mochte für sein Leben gern Yaoúrti me kydónia, allerdings keine Fastenspeise – im Galaktopolíon (so heißen die Läden für Milchspezereien) der Pláka serviert.

Für die Zubereitung braucht man:

500 g reife Quitten
100 g Zucker
0,2 l Wasser
4 EL Zitronensaft
300 g dicken Naturjoghurt
(am liebsten selbst gemacht)
2 EL Honig
abgeriebene Schale von 1/2 Zitrone

Wir schälen die Quitten und schneiden sie in dicke Scheiben. Die Schalen heben wir auf.
Wir geben Zucker, Wasser und Zitronensaft in einen Topf und rühren bei kleiner Hitzezufuhr, bis sich der Zucker aufgelöst hat.

Dann geben wir die Schalen dazu und lassen alles etwa 20 Minuten köcheln.
Ist die Flüssigkeit sirupartig eingedickt, gießen wir sie durch ein Sieb in einen anderen Topf, geben die Quittenstücke hinein und pochieren sie etwa 15 Minuten.
Abgekühlt stellen wir die Sirup-Quitten in den Kühlschrank.
Den Joghurt verrühren wir mit Honig und Zitronenschale.
Die Sirup-Quitten verteilen wir auf Portionsschalen und übergießen mit dem Honig-Joghurt und servieren die Leckerei gut gekühlt.

DER ACHTE SPAZIERGANG

DER ABSCHIEDS-SPAZIERGANG

Die erste Hitzewelle dieses Frühlings hat sich über die Stadt gelegt, die Athener schnuppern vergeblich nach einer frischen Brise vom Meer und es drängt sie bei der ersten besten Gelegenheit hinaus an die Küste. Nicht nur die Feinschmecker erinnern sich da an ihre jeweiligen Lieblings-Fischlokale in einer der Buchten, die jetzt wieder ihre Tische und Stühle bis direkt an die dümpelnden Yachten und Fischerboote in den kleinen Häfen gestellt haben. Tourkolímano (jetzt heißt er Mikrolímano) ist kein Geheimtip: ein Kranz von Fischtavernen liegt rings ums Hafenbecken und in einer davon haben wir, die Kollegen vom Architekturbüro und ich, uns auf den Abend verabredet, um Abschied zu feiern. Meine Baustelle hat sich gemausert – eine kleine, feine Konditorei lädt in die Arkaden um den Innenhof. Dort habe ich auch endlich gesehen, wie die schönen Kandierten Früchte entstehen (Rezept, siehe Seite 68).

EXPRESS OLYMPIA
PAROS - NAXOS - IOS - THIRA

Zu unserem Abschiedsessen fahre ich an diesem Frühlings-Sonntag schon vormittags von Monastiráki mit der Metro nach Piräus. Ich will noch über den dortigen Flohmarkt bummeln, der sich gleich links hinterm Metro-Ausgang kilometerweit entlang der ansonsten trostlosen Rückseite des Haupthafens schlängelt, drängelt, Plätze überspringt und sich jenseits, immer parallel zur Metrostrecke, gleich in mehreren Straßen fortsetzt, die wochentags vermutlich einen jammervollen Anblick bieten. Jetzt sind sie aber voller Farbe und babylonischem Sprachengewirr. Es gibt nichts, was hier nicht verhökert würde und angesichts mancher Finsterlinge und Streithähne, drückt man sich gerne manchmal in eine Randzone, wo ein geschäftstüchtiger Mensch Kafedáki ausschenkt oder kleine, frühstückstaugliche Fleischspießchen überm Kohleofen wendet, aber auch den sowieso überall vorhandenen Oktapus, der die ersten Ouzotrinker erfreut. Nach Mastix riecht es dort, wo sich die Leute aus Chios treffen und man sich gerade Süßes einverleibt. Die Fassaden der abbruchreifen Häuser, die Balkone mit den alten, schönen Eisengittern, die rissigen Fensterläden halten über dem Gedränge wundersamerweise stand. Eine fremdländisch aussehende Frau wirft mir ihren schnullernden Spross in die überraschten Arme und reißt ihn gleich wieder unter schrillem Geheul zurück.

Abseits des Marktes führen mehrere Straßen, vorbei an schönen Plätzen und Gebäuden aus neoklassizistischer Zeit, schnurgerade durch die Piräus-Halbinsel bis zum nächsten Hafenbecken, dem kleineren Pasalimáni (jetzt heißt es wieder Zéa), wo Kellner quer über die Straße ihre vollbeladenen Tabletts bis dicht an die Kaimauer jonglieren.

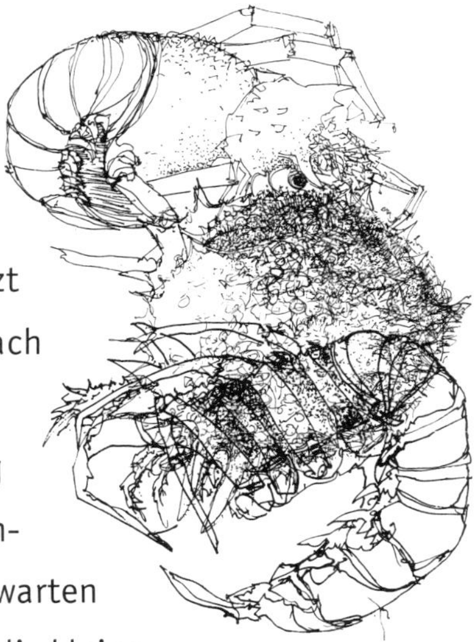

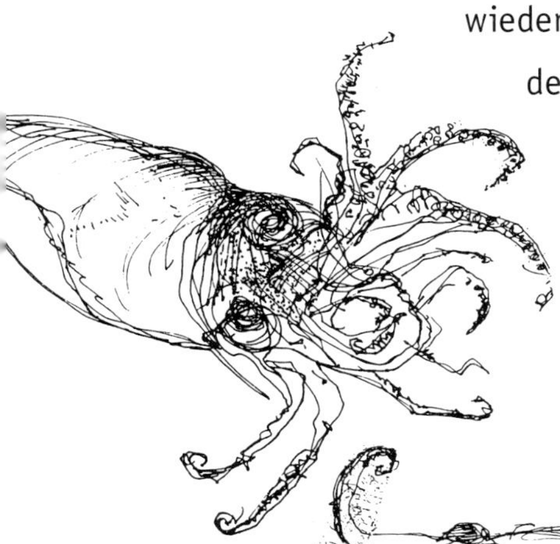

Vom Kastella-Hügel, an dem der Weg zum dritten Hafen, dem Mikrolímano, vorbeiführt, hört man das Stimmen von Instrumenten. Das Freilufttheater hat wieder geöffnet. Von dort aus hätte ich jetzt den schönsten Blick über die Küste nach Osten und nach Athen hinein, aber der Spaziergang hat mich viel zu hungrig gemacht und meine »Spießgesellenschaft«, zu griechisch: die »Paréa«, warten schon. Wieviel Uhr ist es denn? – Aha, die kleine Halskette mit dem Ührchen dran ist weg! Macht nix, sie war sowieso nicht echt, ich habe sie irgendwo um Monastiráki einer frommen alten Jungfer abgekauft, die sie gegen eine alte Ikone eingehandelt hatte. Aber wozu brauche ich jetzt eine Uhr, wenn die untergehende Sonne im Saronischen Golf die Zeit angibt?

»Saronisch« waren die Vorspeisen, die wir zum Ouzo bestellten und »Saronisch« waren die Petersfische, die es für uns Zwölf danach zum Fasswein aus Kreta gab und »Saronisch« war das Lied der Musikanten, die uns von den beiden Krebslein sangen . . .

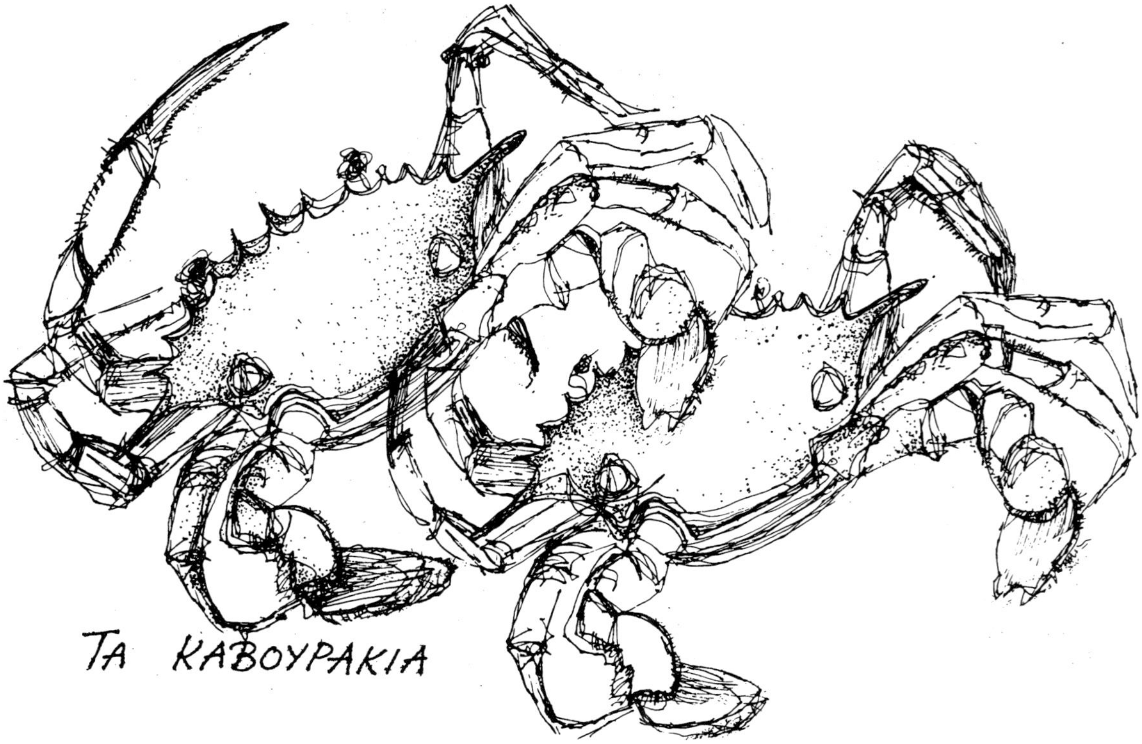

ΤΑ ΚΑΒΟΥΡΑΚΙΑ

Auf dem Strand mit Kieselsteinen,
Siehst du da zwei Krebslein weinen?
Einsam und so herzensschwere
Fließt die Zähre in die Schere.

Die Frau Krebsin, ihre Mama »Kavourína«
Techtelmechtelt mit Herrn Hummer in Rafina.
Darum tun die Krebsenkleinen
Hier zum Steinerweichen greinen.

Frei übersetzt nach dem Lied von Tzitzánis

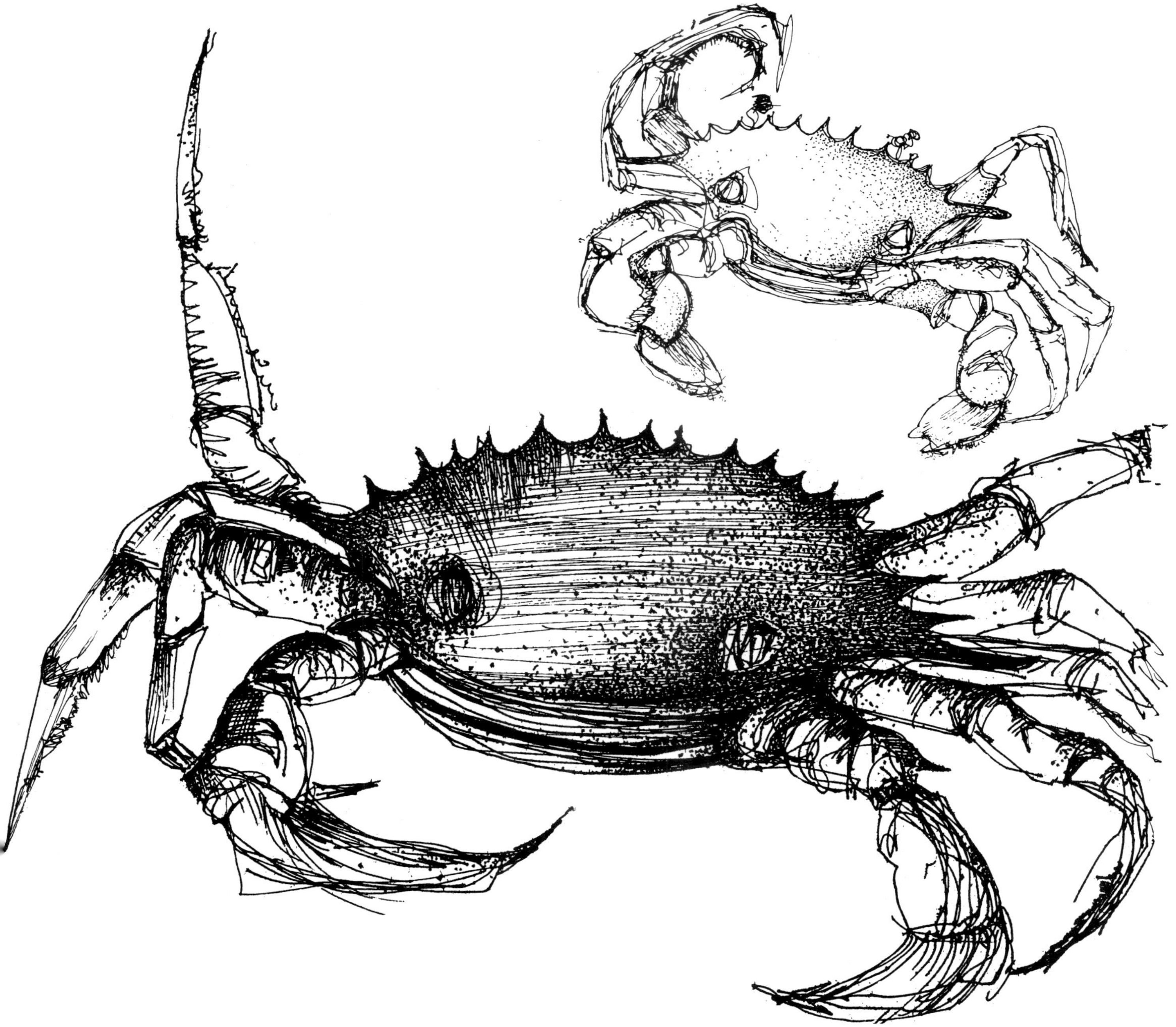

Das Abschiedsgeschenk meiner Kollegen war der neueste »Fund aus den Metrograbungen« für meine Tellersammlung:

Meeresgott Poseidon, assistiert von Windgott Äolos, beim Grillen seiner Lieblingsfische.

Herr Alexiou liebt Vorspeisen. »Bei der Wampe meiner Tante! – für diese Häppchen lasse ich alles andere stehen!« sagt er, als Themistokles die Mezédes zum Ouzo auftischt.

Die großen, grünen Oliven kommen in einer knusprig heißen Bröselkruste, im entsteinten Inneren ist eine mild angemachte Fischrogenpaste versteckt.

Und der Oktapus-Salat, einfach köstlich! Die Krake war noch warm vom Grill mit Essig und Öl und einer Prise Oregano angemacht. Manchmal nimmt Herr Themistokles auch wilden Fenchel zum Würzen.

Von den Garnelen steigt ein kräftiger Knoblauchduft auf, Rezept auf Seite 97.

Der lauwarme Vlita-Salat (ein grünes Blattgemüse) ist mit Zitronensaft und Olivenöl angemacht. Das Weißbrot dazu, mit Knoblauch-Rosmarin-Öl beträufelt, kommt frisch vom Grill.

Als der

»SARONISCHE FISCHSALAT«

angekündigt wird, funkeln die Augen von Herrn Alexiou. Hinter dieser Bezeichnung verbirgt sich ein im Weinsud gar gezogener Seebarsch (Lavráki), der in voller Größe auf einer Platte liegt. Die Haut war ihm abgezogen worden und er ist stattdessen mit Schaummayonnaise umhüllt – steifgeschlagenes Eiweiß wird mit einem Hauch Ouzo gewürzt unter die Mayonnaise gezogen – und dicht an dicht mit kunterbunten, kurz pochierten, winzig kleinen Gemüsewürfelchen bestreut.

Er kommt gut gekühlt zu Tisch.

OLIVENPASTE
POURÉS ELÄÓN

Wir schneiden 300 g entkernte grüne Oliven klein und geben sie mit 100 g Sardellenfilets sowie 150 g Kapern in den Mixer, es soll eine dicke Masse entstehen. Wir geben 1 Teelöffel Senf (mittelscharf) und 8 Esslöffel Olivenöl zu, mixen erneut.

Würzen mit dem Saft von 1 Zitrone und zwei Umdrehungen der Pfeffermühle.
Wir bestreichen mit der Olivenpaste leicht getoastete Weißbrotschnitten und reichen diese als Vorspeise oder als Beilage zu Fischgerichten.

GURKENSÄULCHEN »POSEIDON«
ANGOÚRIA »TOU POSIDÓNA«

Wir brauchen für 12 Personen:
3 Salatgurken
500 g frisches Lachsfilet
Weinsud
100 g süße Sahne, 50 g Butter
Zitronensaft, Salz und Pfeffer

Wir schneiden die Gurken in unterschiedlich lange Stücke, zum Beispiel vier und sechs cm lang, und kerben mit einem Zestenreißer senkrechte Rillen in die Stücke. Dann legen wir die Gurkenstücke für 5 Minuten in heißes Wasser, lassen sie danach sehr gut abtropfen, tupfen mit Küchenkrepp trocken und höhlen die Stücke vorsichtig aus.
Für die Füllung pochieren wir das Lachsfilet im Weinsud, lassen abkühlen und pürieren den Fisch.
Wir vermischen mit der Sahne, Butter und würzen mit Zitronensaft sowie Salz und Pfeffer.
Wir füllen die Gurkensäulen mit der Creme und stellen sie eine Stunde in den Kühlschrank.
Zur Abwechslung können die Gurkensäulen auch mit Taramosaláta, (Rezept Seite 59) oder Krabbensalat gefüllt werden.

ROTBARBEN IN WEINBLÄTTERN

BARBOÚNÍA STO ABELÓFYLLO

Wir brauchen:

4 Rotbarben, je 175 g,
geschuppt und gewaschen
(in Griechenland gelten die Innereien der Rotbarbe als Delikatesse)
6 EL Olivenöl
2 Lorbeerblätter (zerstoßen)
1 EL frische Thymianblätter
2 Knoblauchzehen, fein gehackt
1 TL zerstoßene schwarze Pfefferkörner
1/2 TL Salz
2 EL Zitronensaft
12 große eingelegte Weinblätter

Wir legen die Fische in eine flache Form und gießen das Olivenöl, das wir mit den Kräutern, dem Knoblauch, Pfeffer, Salz und Zitronensaft vermischt haben, über die Fische. Wir wenden sie in dem Gewürzöl und lassen sie zugedeckt etwa 2 Stunden im Kühlschrank durchziehen. Dann nehmen wir die Fische aus der Marinade, die wir aufheben, und wickeln jeden Fisch in 3 Weinblätter: ein Blatt um das Kopfende, das zweite um den Bauch und das dritte um das Schwanzende. – Die gewaschenen Weinblätter bestreichen wir mit der Marinade und grillen die Fische 4 Minuten entweder auf dem eingefetteten Rost über offener Glut oder im Grill. Wir drehen sie vorsichtig um und grillen weitere 4 Minuten. Dann servieren wir die Fische in ihrer Weinblatt-Umhüllung und einer Öl-Zitronensauce, aufgeschlagen 2/3 zu 1/3, in einem Schälchen dazu.

»GEKNOFELTE« GARNELEN

GARÍDES SKORDÁTES

Für 6 Personen

Dazu nehmen wir:

24 große Garnelen, z.B. Sandgarnelen (ca. 9 cm lang)
5 cl Olivenöl
3 ganze Knoblauchzehen
1 Glas Kochbrühe oder Weißwein
1 EL Tomatenmark
2 cl Zitronensaft
grob gestoßenen Pfeffer
frisch gemahlenes Meersalz
reichlich gehackte Blattpetersilie

Wir kochen die Garnelen in wenig Salzwasser nur 5 Minuten – sonst werden sie hart. Wir lassen die Garnelen abkühlen, entfernen den Chitinpanzer und den Dorn, belassen aber den Kopf und den Schwanz. In einer weiten Pfanne erhitzen wir das Öl mit den Knoblauchzehen. Sobald der Knoblauch dunkel wird, nehmen wir ihn aus der Pfanne. Nun braten wir die Garnelen rasch rundum im Öl an, gießen ein Glas Kochbrühe oder Weißwein an, bringen alles zum Kochen, rühren das Tomatenmark unter und lassen die Flüssigkeit bis auf einen kleinen Rest verdampfen. Wir würzen mit Zitronensaft, Pfeffer und Salz und servieren die Garnelen in der Sauce mit reichlich Petersilie bestreut.

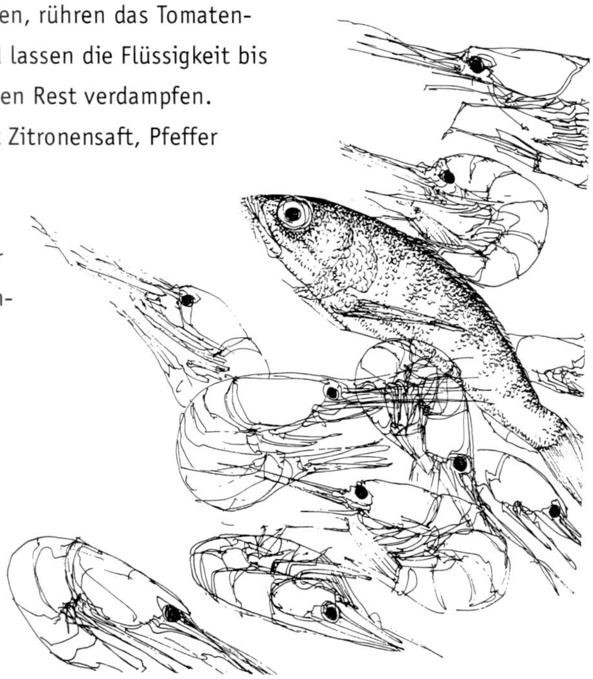

ST. PETERSFISCH NACH ART DES THEMISTOKLES
CHRISTÓPSARO TOU THEMISTOKLÍ

Wir brauchen für 4 – 6 Personen:
1 Petersfisch von ca. 1,3 – 1,5 kg
2 rote Paprikaschoten
1 Schalotte, klein gewürfelt
1 Knoblauchzehe, fein gewürfelt
2 EL Olivenöl
2 Thymianzweige, Salz und Pfeffer
1/8 l Weißwein
1/8 l Fischfond (aus den Karkassen selbst zubereitet)

Beilage zum Fisch:
1 lange schmale Aubergine
2 kleine Zucchini
2 – 3 EL Mehl
Öl zum Ausbacken

Außerdem brauchen wir:
60 g Butter
1/2 Bund frisches Basilikum

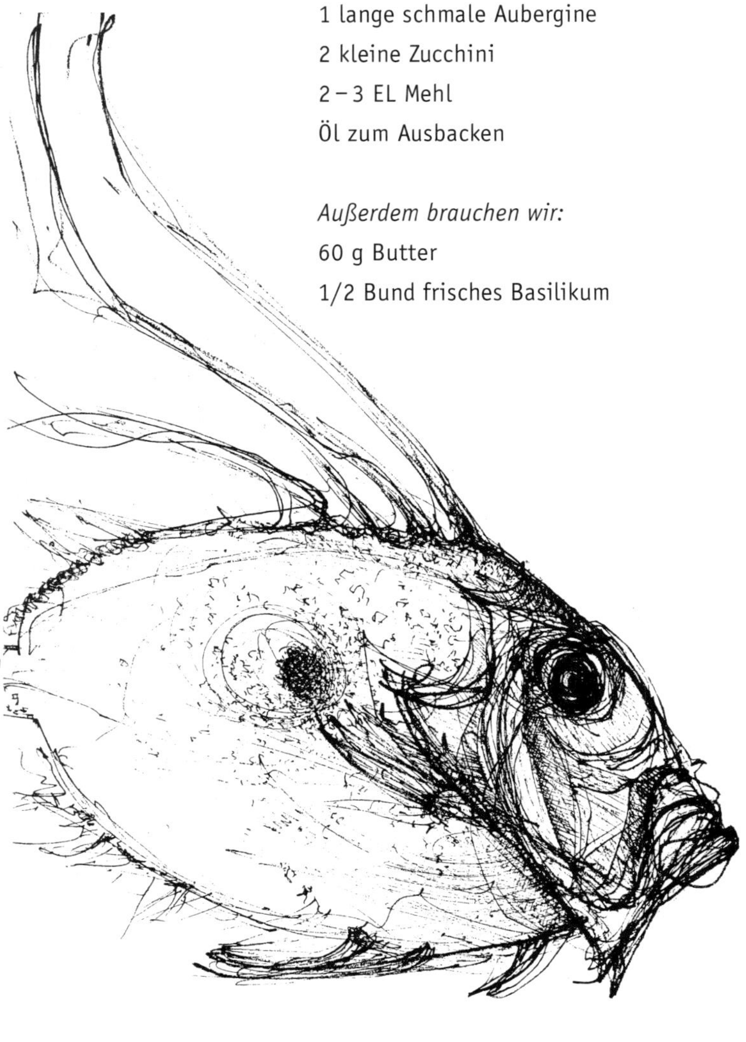

Und so wird's gemacht:
Den Fisch lassen wir am besten vom Fischhändler vorbereiten, er löst uns die Filets aus und aus den Karkassen bereiten wir einen Fischfond. Für die Sauce halbieren wir die Paprikaschoten, legen sie in den 220 Grad C heißen Backofen und rösten sie solange, bis die Haut dunkel ist und Blasen wirft.
Nach kurzem Abkühlen häuten wir sie und schneiden sie in kleine Würfel.
Wir erhitzen Olivenöl, braten Schalotten- und Knoblauchwürfel darin an, geben die Paprikastückchen und die Thymianzweige zu, salzen und pfeffern.
Wir gießen Wein und Fond an und lassen 6 – 8 Minuten leise köcheln.
Als Beilage zum Fisch bereiten wir die Auberginen- und Zucchinichips: das gewaschene, getrocknete Gemüse in längliche dünne Scheiben schneiden. Zart salzen und pfeffern und leicht durch Mehl ziehen. Wir erhitzen Öl und frittieren darin die Gemüsechips goldgelb und knusprig. Währenddessen erhitzen wir in einer Pfanne mit dickem Boden 30 g Butter, lassen sie aufschäumen und braten darin die leicht gewürzten Petersfisch-Filets – sie sollen nicht bräunen. Solange die Gemüsechips auf Küchenkrepp abtropfen, pürieren wir die Paprikasauce und passieren sie durch ein Sieb. Die gebratenen Filets verteilen wir auf vier vorgewärmte Teller. Wir lösen den Bratfond der Fische mit dem Paprikapüree, erhitzen und binden mit der restlichen Butter. Wir rühren die geschnittenen Basilikumblättchen in die Sauce, gießen sie über die Fischfilets und krönen das Ganze mit den locker darüber gestreuten Chips.

GOLDBRASSEN IM SELLERIEBETT

TSIPOÚRES ME SÉLINO

Wir brauchen für 4-6 Personen:
ca. 1,3 kg Goldbrassen,
etwa 2 – 4 Fische
2 kg Staudensellerie
1 mittelgroße Zwiebel, fein gehackt
1 Tasse Öl
2 Eier, Saft von 2 Zitronen
Salz und Pfeffer

Die vom Fischhändler vorbereiteten Goldbrassen waschen wir kurz unter kaltem Wasser ab, tupfen sie trocken und würzen sie innen und außen mit Salz und Pfeffer. Wir putzen und waschen den Bleichsellerie, falls nötig, ziehen wir die Fäden ab, dann blanchieren wir das in Stücke geschnittene Gemüse 1 Minute in Salzwasser und lassen die Stücke anschließend gut abtropfen.

Wir schwitzen die Zwiebeln im erhitzten Öl hell an, gießen eine Tasse Wasser zu und geben die Bleichselleriestücke in die kochende Flüssigkeit. Wir dünsten das Gemüse 10 Minuten vor.

Wir legen die vorbereiteten Brassen auf den Sellerie, gießen eventuell. noch etwas Wasser an, decken den Topf zu, und lassen das Gericht bei schwacher Hitze vor dem Siedepunkt 20 Minuten ziehen.

Wir verquirlen die Eier zuerst mit Zitronensaft, geben dann etwas warmen Fischfond, Salz und Pfeffer dazu und gießen alles in den Topf.

Wir bewegen den Topf auf der Herdplatte leicht hin und her, bis die Sauce bindet. Wir servieren direkt aus dem Topf!

REZEPTVERZEICHNIS

KLEINIGKEITEN ZUM APERITIF UND SUPPEN

HÄPPCHEN, VORSPEISEN UND SALATE

FISCHE UND MEERESFRÜCHTE

FLEISCH UND WURST

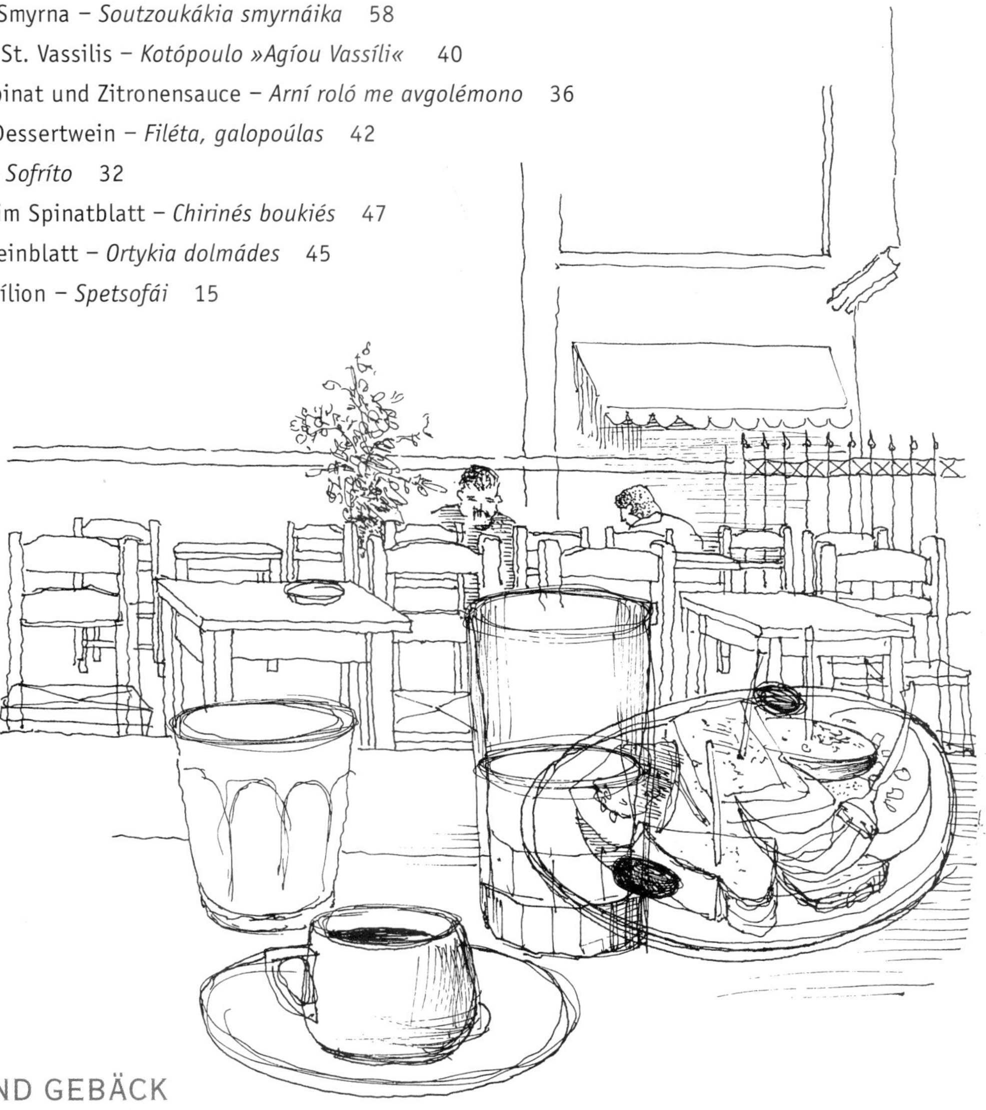

DESSERTS UND GEBÄCK

MEINE LIEBLINGS-ADRESSEN

eine kleine Oase
im guten, alten Stil:
KAFENION
» PLÁTANOS «
(Nikol. Rerres)
Diogénous - Str. 3
Plaka
Tel. 32 26 358
(Montags geschlossen)

Man trifft sich
zum Kaffee,
zum kleinen Snack
gerne
zwischen Kuriositäten,
zwischen Nippes und
Reminiszenzen an die
Schauspielerin
im
» MELINA «
Lysíou - Str. 22
PLAKA
TEL. 32 46 501
(ab 11 Uhr)

Immer gut für eine Verschnaufpause
mitten im Zentrum:
» STOA BIBLÍOU « ("Vivlíou")
(die Wandelhalle des Buches)
mit Café, Ausstellungen
und manchmal Musik.
Pesmasóglou - Str. 5
Eingänge auch von der
Stadíou - und Panepistimíou - Str.

Nett zum Draußensitzen:
KAFENION
> TO MÄNALON <
Kydathinäon - Str. 21
PLAKA
Tel. 32 26 897

Mitten im Flohmarktgetümmel
viel Stimmung, wenn eine stimmgewaltige
Zigeunerin den Umtrunk begleitet:
» CAFE AVYSSINIA «
(eher ein Athener Bistro)
Tel. 32 17 047

Seit 1932 nahe Omonia:
eine Ouzo - Domäne:
» TO ATHINAÏKON «
Santarosa - Str.

Gegenüber dem Theseion:
Ouzo und Pikantes dazu
im
» ATTALOS «
Adrianoú - Str. 9
Tel. 32 19 520
32 12 488

Kleine Rast unter schattenspendenden Bäumen
mitten im Einkaufstrubel:
"TO BALKONÁKI"
Klitiou - Straße
(eine Sackgasse von Ag. Markou)

Griech. Volkskunst
Gallerie
Kafenion + Bistro
mit griech. Life - Musik
an den Wochenenden, im 1. Stock,
mit Blick zur Akropolis:
KAFENION,
» ORÄA ELLAS «
("Schönes Hellas")
9 - 20 Uhr

Lauschige Ecke
oberhalb
des eleganten Viertels
KAFENION,
» DEXAMENÍ «
Kolonáki
(ab 11 Uhr)

Man sitzt entlang der Ausgrabungen
beim Lysikrates - Denkmal:
KAFESACHAROPLASTÍON
(Kaffee - Konditorei)
SAMIKOS, Georgios
Výronos - Str. 1
Tel. 32 36 137

Seit 1906 in der Plaka:
GALAKTOSACHAROPLASTÍON
(Konditorei, sowie Milch -
spezereien)
K. KOTSOLIS
ADRIANOÚ - STR. 112
TEL. 32 21 164

Man sitzt
direkt über
der
Monastiraki -
Metro - Station:
KAFENION
> DIOSKOURI <
Adrianou - Str.

"ZONAR'S"
KONDITOREI SNACK BAR
eine altehrwürdige Institution
Panepistímiou - Str.
nahe Sýntagma - Pl.

Hier werden auch Staatsgäste "betafelt":

» DAPHNES «

Lysikratous - Str.
gegenüber Ag. Ekaterini
Tel. 32 27 971
32 21 624

eine abendliche Schlemmer - Festung:

» FROURARCHÍON «

Agíon Anargýron - Str.
Psyrrí

elegante Taverne mit Life-Musik:

» MÝRTIA «

Markou - Mousoúrou - Str. 35
Mets
Tel. 70 12 276

VEGETARISCH:

Restaurant
" EDEN "
Flessa - Str. 3
Plaka
Tel. 32 48 858

VEGETARISCH:

"DÍAVLOS"
Musik - Taverne
Drákou - Str. / Veïkou - Platz

Zeus, der Feinschmecker, läßt sich verwöhnen (auch ein Metro - Fund)

Stimmung am Wochenende:

"KRASOPOÚLIO TOU KÓKKORA"
("Weinlokal zum Hahnen")
Äsópou - Str.
Psyrrí

tief unter der Straße:

» TA BAKALIARÁKIA «
("die Stockfischlein")
Kydathinäon - Str.
Plaka
Tel. 32 25 084
(nur abends)

FISCHLOKALE:

um den Hafen Mikrolímano findet man mindestens 22 davon, alle ähnlich im Tagesangebot und in den Preisen.

Sehr volkstümlich mit Original-"Rebetiko"-Musik:

TAVERNA
» KLIMATARIÁ «
("Weinlaub")
Platía Theátrou 2
Tel. 32 16 629
(nur abends)

Szene - Treff gegenüber der Stoa d. Attalos:

Cafe - Restaurant
» KOUTÍ «
("Schachtel")
Adrianoú - Str. 23
Plaka

BOUZOÚKI - TAVERNEN:

das Essen hat neben dem Aufgebot von mehr oder weniger bekannten Stars der Szene nur nebensächliche Bedeutung. Man findet sie hauptsächlich in der Ierá Odos (der "Heiligen Straße") oder entlang der Küstenstraße "Aktí Posidónos".

"Athener Feinschmecker" - Rundum - Ansicht einer Stamne (Metro - Fund)

Elegant:

ΟΙ ΦΥΛΑΚΕΣ ΤΟΥ ΣΩΚΡΑΤΗ

„Socrates' Prison"
Mitsaion-Str. 20
Tel. 92 23 434

verschwiegener Plaka-Winkel mit typisch griech. Küche:
> PLATON <
Kladou-Str. 8
Tel. 32 19 361

ein Kleinod in Piräus seit 1920:
> VASILENAS <
Etolikou-Str. 72
Tel. 46 12 457

vielgeliebte alteingesessene Taverne mit griech. Spezialitäten:
„PLÁTANOS"
Diogenous-Str.
Plaka
Tel. 32 37 252
(Sonntags geschl.)

Spezialitäten der Ionischen Inseln:
≫MANÉSIS≪
Mets
Markou-Mousourou-Str. 3
Tel. 92 27 684

Gepflegte Santoriner Küche, auch im Innenhof, in familiärer Umgebung:
≫ O SANTORINIÓS ≪
Dorion-Str. 8
Ano Petrálona
Tel. 34 51 629
34 60 329

bodenständige Einheimischen-Taverne mit guter Garküche:
≫TAVERNA PSYRRI≪
Äschylou-Str. 12
Tel. 32 14 923

Seit über 60 Jhn. eine Athener Institution:
„GEROFINIKAS"
(„Zur Alten Palme")
Kolonáki
Pindárou-Str. 10
Tel. 98 39 093

PATSAS um 3 Uhr nachts:
in den Markthallen der Athiná-Str.
bei Papandreou
oder
in der
>MONASTIRI-TAVERNA<
(Garküchen)

Kein Schild weist auf das urige Kellerlokal hin. Wirt Mitsos hat's nicht nötig:
≫ DIPORTO ≪
Ecke Sokrátous-/Theátrou-Str.
(hinterm Gemüsemarkt)

Originelle Keller-Taverne am Rand des feinen Viertels:
> GASTRA <
Sina-Str.
(Kolonaki)
Tel. 36 02 757

„Marathon-Kämpfer"

Weinstube - Speisen a.d. Ofen sommers auch draußen:
„VELLIS"
Platia Varnáva
Stilponos-Str.
Pankrati

drinnen + draußen:
ΟΙΝΟΜΑΓΕΙΡΕΙΟΝ
WEINLOKAL
> SKOÚFIAS <
Tróon-Str.
Ano Petrálona

Eine Apfeltorte (Milópitta), wie sie hier Páris seiner Schönen Helena überreicht, gibt's in einem griechischen Kafenion nicht. Für Kuchen müssen wir uns in ein "Sacharoplastíon", eine Konditorei, begeben.

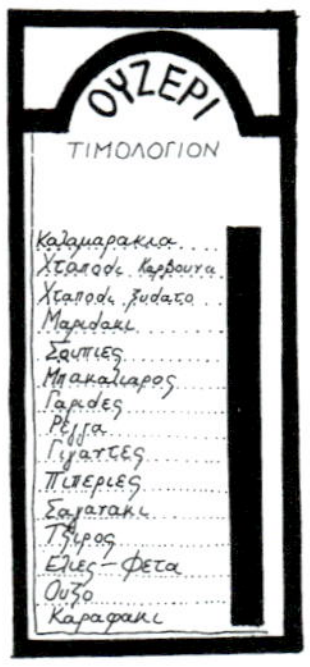

Bei Ráki und RebeKKa's Häppchen treffen sich Rentner, Künstler und solche, die eines von beidem werden wollen.

KAFENION
» PEBEKKA «
MIAOULI-STR. 22
PSYRRI
Tel. 32 111 74

Was an Wochenenden zum Ouzo und Wein aufgetischt wird, läßt die Athener Stammgäste das muffige Personal glatt vergessen:

"KAFENION NAXOS"
Platia Christokopídou 1
PSYRRI
TEL. 32 18 222

Im Kafenion bekommen wir in der Regel nur Getränke und vielleicht zum Ouzo ein paar pikante Winzigkeiten. Die hier gezeigten Adressen haben eine überraschende Vielfalt davon, bis hin zu kleinen Speisen.

Diese wiederum dürfen wir erwarten im Ouzerí und im Mezedopolíon.

Gestandene Mahlzeiten und Wein finden wir in der geselligen Tavérna.

Ein Kreter aus Deutschland in Athen: Ab 12 Uhr feiner, kleiner Imbiß. Kaffee, Ouzo, Raki

» i Kriti «
Veranzérou - Str. 5
(Passage Platia Kaningos)
Tel. 38 26 998

Ganz unspektakulär, aber liebevoll bereiteter Imbiß bei Faßwein und Ouzo:

"TO GONIAKÓN"
Gen. Kolokotróni - Str. 58
Platia Filopappou
Tel. 92 49 614

Mitten im Marktgetümmel von Petrálona:

das KAFENION
Tróon - Str. 43
Tel. 34 79 327

In einfacher Umgebung Frühschoppen vom Faß mit pikanten Häppchen zwischen den Alteingesessenen:

KAFENION
"VALTOS"
("der Sumpf")
Trion Ierarchon - Str. 40
Ano Petrálona
Tel. 34 13 151

Speisen aller Art werden im weniger geselligen Estiatórion, dem Restaurant, aufgetragen und wer es deftig mit gegrilltem Fleisch und allen seinen Beilagen liebt, hält am besten nach einer Psistariá Ausschau. Jedes Stadtviertel hat auf seinem zentralen Plätzchen mindestens eine dieser Einrichtungen! Häufig alle!

Einige von vielen Festen:

23. April: Agios Georgios - Kirchlein auf dem Lykabettos.

Es werden bei allen Namensfesten der Kirchen am Vorabend und am Vormittag nach dem Gottesdienst kleine Süßigkeiten, Gebäck und Kaffee den Besuchern gereicht.

5. Mai: Agía Iríni in der Äolos-Straße

1. November: Agíon Anargýron in der gleichnamigen Straße im Psyrrí-Viertel. Bis in den Abend wird in den umliegenden Tavernen weitergefeiert.

25. November: Agia Ekaterini auf dem gleichnamigen Platz in der Plaká.

6. Dezember: Agios Nikoláos Ragáva in der Epichármou-Straße, Plaká.

28. Oktober: Nationalfeiertag. Behörden und Geschäfte sind geschlossen.

Spezialitäten in der Stadt:

Gewürze aus aller Welt: Evripídou-Str. 58

Kaffee - Sirupfrüchte - Halvas: in den Läden von Loumidis und Kafé Bravo

Weine aus Griechenland: Litína, Sarri-Str. 11, Psyrrí. oder "Cava Giorgio" Veïkou-Str. 40

Weine von der Insel Santorin (vom Faß): Loukas Sigalas, Dorion-Str. 10 Ano Petrálona

Hausgemachte Käse von der Insel Naxos: an den Wochenenden bei Straßenhändlern an der Platía Iróon oder der Platía Christokopídou im Psyrrí-Viertel.

Wildgeflügel aller Art: "Kefaloniá" in den Markthallen an der Athiná-Straße.

FESTLICH GESTIMMTER ATHENER (Metro-Fund)

einige MÄRKTE:

Dienstagsmarkt im Botanikós-Viertel entlang der Ämoú-Straße: Obst, Gemüse, Fische und Krimskrams

Freitagsmarkt in Ano Petrálona entlang der Tróon-Straße: buntes Gemisch wie oben ebenso in Pankráti entlang der Archimidous-Straße, Empedokléous-Straße bis Platía Varnáva: bunt gemischt, das Spektakel etwas verhaltener

ebenso im Veïkou-Viertel zum Filopappas hin: kleiner Markt, vor allem Obst und Gemüse.....

Sonntag: Flohmarkt vom Monastiraki, Platia Avyssinia, Ermoú-Straße bis ins Psyrrí-Viertel hinüber: Schnäppchen zwischen Trödel und Ramsch, Stimmung in den umliegenden Lokalen.

ebenso: Flohmarkt in Piräus entlang der Alipedou-Straße, jenseits der Platía Ippodamías bis in alle Seitenstraßen hinein: viel Ramsch, viel Schund, viel Lärm und Frühstücker bei Ouzo und Oktapús vom Grill!....

Gestaltung und Redaktion: Monika Graff, Weil der Stadt
Satz und Reproduktion: Rund ums Buch, Rudi Kern, Kirchheim/Teck
Druck und Bindung: Oehler Offset, Stuttgart-Fellbach
Printed in Germany 1999

ISBN 3-7750-0323-1
Alle Rezepte sind, wenn nicht anders vermerkt, für 4 Personen gedacht.
Dieses Buch ist auch in englischer Sprache erhältlich.
ISBN 3-7750-0333-9

Antiker Speisekartenritzer, ein Metro-Fund

Santorin –
Rezepte und Bilder aus der Ägäis
Von Heidi Bauerle

Geschichten und Originalrezepte, Federzeichnungen und Aquarelle von der traumhaften Vulkaninsel Santorin, für alle, die auch zu Hause gerne zum Kochlöffel greifen, um die Urlaubsgenüsse nachzukochen. Und ein Geschenkband für alle, die gerne essen, Bilder anschauen und dabei vom Urlaub und dem blauen Himmel der Ägäis träumen!

100 Seiten mit 60 Zeichnungen und Aquarellen, 21 x 28 cm, Efalin mit Schutzumschlag. ISBN 3-7750-0212-X

Geschichten und Rezepte

Ofenschlupfer und Moschtköpf'
Von Heidi Bauerle

Schwäbische Gerichte und Familiengeschichten mit Witz!
110 Seiten mit vielen Zeichnungen und Vignetten, 12 x 21 cm, Glanzeinband.
ISBN 3-7750-0247-2

Morgenmuffels Muntermacher
Das Frühstücksbuch

Von Heidi Bauerle
Mit diesem Buch kann jeder schmunzelnd den Tag beginnen! Internationale Rezepte der Familie »Morgenmuffel«, 96 Seiten mit vielen Zeichnungen, 12 x 21 cm, Glanzeinband.
ISBN 3-7750-0256-1

Die kulinarischen Abenteuer des Fra Bartolo
Von Leonhard Reinirkens

Eine kulinarische Reise durch die Toskana mit köstlichen Gerichten und vergnüglichen Geschichten. Bereits in 7. Auflage!
407 Seiten mit Vignetten von Tony Munzlinger, 14 x 21 cm, Efalin mit Schutzumschlag. ISBN 3-7750-0173-5